Saludos

Curso de lengua española

IVAN MARTIN

Ivan Rodrigues Martin é doutor em Letras pela Universidade de São Paulo (USP). Atualmente, é professor do curso de Letras da Universidade Federal de São Paulo (Unifesp). Além desta obra, é autor de *Síntesis – Curso de lengua española* e *Espanhol – Novo Ensino Médio*, publicadas pela Editora Ática.

LIBRO 1

editora ática

editora ática

Responsável Editorial: Luiz Tonolli
Editora: Mirian Senra
Editoras Assistentes: Ângela Cristina Davoglio e Juliana Lima Gonçalves
Editor de Arte: Erik Taketa
Assistente de Arte: Mauro Fernandes
Editoração Eletrônica: Catherine Ishihara
Gerente de Revisão: Hélia de Jesus Gonsaga
Equipe de Revisão: Elaine Pires (Estagiária), Gloria Cunha, Maiza Prande Bernardello e Tatiana Martins Santana
Supervisor de Iconografia: Sílvio Kligin
Iconografia: Mazé Almeida (Pesquisa)
Cartografia: Juliana Medeiros de Albuquerque e Márcio Santos de Souza
Tratamento de Imagem: Cesar Wolf e Fernanda Crevin
Gerente de Tecnologia: Ricardo Falzetta
Equipe de Tecnologia de Educação: Daniella Barreto (Coord.), Cristiane Buranello e Juliano Reginato (Editores), Aline Bagdanavicius e Drielly Galvão (Assist. Editorial), Gabriel K. Japiassu e João Daniel Martins Bueno (Designers), Alexandre Marques e Ana Claudia Deolinda Predolin (Desenvolvedores)
Programação Visual de Capa e Miolo: Homem de Melo & Troia Design
Colaboradoras: Andrea Pizzutiello, Mariana Laura Corullón, Mônica Mayrink e Vanessa Lavrador
Ilustrações: Carole Hénaff, Dam Ferreira, Galvão, Jefferson Costa e Simone Matias

Título original da obra: Saludos – Curso de lengua española – 6º ano

Direitos desta edição cedidos à Editora Ática S.A.
Avenida das Nações Unidas, 7221
São Paulo – SP
CEP 05425-902 – São Paulo – SP
Tel.: 4003-3061
atendimento@atica.com.br / www.atica.com.br

Dados Internacionais de Catalogação na Publicação (CIP)
(Câmara Brasileira do Livro, SP, Brasil)

Martin, Ivan Rodrigues
Saludos : curso de lengua española / Ivan Rodrigues Martin. -- São Paulo: Ática, 2012. -- (Saludos : curso de lengua española)
Obra em 4 v. para alunos do 6º ao 9º ano.
Conteúdo: libros 1, 2, 3 e 4
1. Espanhol (Ensino fundamental) I. Título.
II. Série.

12-02784 CDD-372.6

Índice para catálogo sistemático:
1. Espanhol : Ensino fundamental 372.6

2019
ISBN 978 85 08 15747 1 (AL)
ISBN 978 85 08 15748 8 (PR)
Cód. da obra CL 738164
CAE: 269074 (AL)
CAE: 269075 (PR)
3ª edição
13ª impressão

Impressão e acabamento: Gráfica Elyon

Uma publicação SOMOS EDUCAÇÃO

MISTO
Papel produzido a partir de fontes responsáveis
FSC® C137933

Fonte: GRADOWCZYK, Mario H. *Joaquín Torres García*. Buenos Aires: Ediciones de Arte Gaglianone, 1985. Localização do detalhe redesenhado: p. 147.

Capa e quarta capa: respectivamente, releitura de detalhe da obra e reprodução da própria obra de Joaquín Torres García, *Constructivo con rombo central*, 1948, 55,5 x 40,5 cm. Colección Familia Torres García, Montevideo.

Presentación

Cego é quem vê só aonde a vista alcança.
Mandei meu dicionário às favas:
mudo é quem só se comunica com palavras.
(Candeia)

Actualmente nadie duda de la importancia de la enseñanza del español en las escuelas brasileñas. Si, por un lado, el aprendizaje de un idioma extranjero puede contribuir a la inclusión lingüística de los ciudadanos, por otro, no se puede olvidar que el estudio del español, particularmente, es fundamental para el reconocimiento de nuestra identidad latinoamericana.

El español es el idioma de diecinueve países "vecinos" cuyas historias y manifestaciones lingüísticas y culturales son en muchos puntos semejantes a las nuestras.

Por eso, la propuesta didáctica de esta colección está basada en dos objetivos fundamentales. El primero de ellos es servir de apoyo técnico y teórico a estudiantes y profesores brasileños. Para eso, proponemos diversas actividades que contribuyen al aprendizaje de estructuras comunicativas y gramaticales. El segundo es favorecer el contacto de los estudiantes brasileños con las manifestaciones culturales producidas en los países donde se habla español. Para eso, en gran parte de las actividades propuestas se han utilizado textos literarios, pinturas y viñetas de las diversas naciones hispanohablantes.

Cada uno de los cuatro volúmenes que componen esta colección está dividido en ocho unidades y, en cada una de ellas, un tema general, propio de nuestro tiempo y nuestra realidad, constituye el punto de partida para la adquisición de conocimientos específicos de la lengua y de los diferentes aspectos que componen las culturas hispánicas.

Nuestros propósitos tendrán pleno éxito si, además de servir para el aprendizaje del idioma, este material contribuye también a la formación más amplia de los estudiantes y a su acercamiento a las culturas de los pueblos hablantes del español.

En otras palabras, parodiando al sambista brasileño Candeia, esperamos que los estudiantes puedan ver más allá del alcance de sus vistas y puedan comunicarse utilizándose no sólo de palabras.

El autor

Sumario

DAVE NAGEL/GETTY IMAGES

STOCKBROKER/OTHER IMAGES

LITTLESAM/SHUTTERSTOCK/GLOW IMAGES

UNIDAD 1

Así se dice

PISTA 2 **Escucha y lee lo que dice cada persona sobre sí misma.**

▼

Vas a escuchar y leer pequeños textos en los que algunos estudiantes de primaria se presentan. Subraya las informaciones que imaginas que vas a encontrar:

nombre
edad
profesión
estado civil
nacionalidad
nivel de estudios
lugar donde vive
nombre de los padres
apodo
apellido

Hola, ¿qué tal?

DAVE NAGEL/GETTY IMAGES

Así lo dices

1 Contesta:

a Tras escuchar y leer los textos en que los estudiantes de primaria se presentan, verifica si las informaciones que has subrayado en la actividad inicial de calentamiento corresponden con las que has encontrado en los textos.

b Los cuatro jóvenes inician su texto saludando a sus oyentes y lectores. ¿Qué expresiones utilizan para eso?

oientes

Elles utilizam las expresiones Buenos días e Hola

c Y tú, ¿qué expresiones sueles utilizar en portugués para saludar a las personas?

Yo utizo la expreciones Olá como está?

d ¿Elena vive en Chile?

Elena no vive em Chile ella vive en el Cuba

e ¿De dónde es María del Pilar?

María de Pilar es de la Española de Barcelona

f ¿Los apellidos de Javier son Martín Santos?

Los apellidos de Javier son Heredia Vázquez.

g ¿El apodo de Diego es Don Chocolate?

El apodo de diego es Don Caramelo

2 Y tú, ¿cómo te llamas? ¿Podrías presentarte? Escribe un texto sobre ti:

Yo me llamo Maria Eduarda, tengo 11 años soy brasileño, tengo 3 hermanos, Yo vivo en Belo Horizonte.

Charla

1 ▸ PISTA 3 **Escucha el diálogo y marca verdadero (V) o falso (F). Después, reescribe las frases que necesitan corrección:**

a [F] Pedro y Jorge son hermanos. ____________________

b [V] Simone es peruana, de Lima. ____________________

c [F] Jorge es de Sevilla, pero vive en Barcelona. ____________________

d [F] Los padres de Simone viven en Santiago. ____________________

e [V] Simone no vive con sus padres. ____________________

2 ▸ PISTA 3 **Ahora, completa el diálogo con las palabras que faltan. Enseguida, escúchalo una vez más y comprueba tus respuestas:**

En su fiesta de cumpleaños, Pedro le presenta Simone a su ____________ Jorge:

Pedro: Simone, este es Jorge.

Simone: Hola, ¿qué tal, Jorge? ¿De dónde eres?

Jorge: Soy de ____________, pero vivo en Madrid. ¿Y tú?

Simone: Soy ____________, de Lima. También vivo en ____________, pero mis padres viven en ____________.

Jorge: Ah, encantado de conocerte.

Simone: Lo mismo digo.

GALVÃO / ARQUIVO DA EDITORA

3 Completa los diálogos con las expresiones adecuada

Hola, ¿cómo estás? ¡Buenas tardes! Buenas
Bien, ¿y tú? Muchas gracias. Perdón. N

a

e

b

f

c

g

d

h

GALVÃO / ARQUIVO DA EDITORA

Y Canta

▸ PISTA 4 Escucha la canción con tus compañeros:

Latinoamérica

Me llamo Ernesto, soy argentino,
pero cubano de corazón.
Me dicen Che, soy rosarino,
latinoamericano sin razón.

Y tú, muchacha, ¿cómo te llamas?
¿María, Ana, Encarnación?
Y tú, muchacho, ¿de dónde eres?
¿De Lima, Río o Asunción?

Mi nombre es Pablo y soy de Chile.
Escribo versos y una canción
desesperada a mi amada,
latinoamericana sin razón.

Y tú, muchacho, ¿cómo te llamas?
¿Pedro, Marcos o Salvador?
Y tú, muchacha, ¿de dónde eres?
¿De Perú, Cuba o Ecuador?

Composición musical producida especialmente para esta obra (ISRC BR-LAW-08-00061).

BANCO DE IMAGENS/ARQUIVO DA EDITORA

CÓMO SE USA

1 Lee el cómic:

JOAQUÍN SALVADOR LAVADO (QUINO)/ ACERVO DO ARTISTA

Quino, *Toda Mafalda*, Buenos Aires, Ediciones de la Flor, 2000.

a ¿Qué palabra utiliza Mafalda para saludar a Miguelito? ______

b ¿Cómo traducirías al portugués la palabra **hola**? ______

c Tras leer el cómic, se puede suponer que:

- [ ] a diferencia de Manolito, a Mafalda le gusta la sopa.
- [ ] a Mafalda tampoco le gusta la sopa.

2 **Relaciona las columnas y escribe las preguntas:**

a	De dónde		te llamas
b	Cómo		es tu direcció
c	Dónde		son tus padre
d	Qué		años tienes
e	Cuál		vives
f	Cuántos		estudias

Fíjate

s pronombres
errogativos
mpre llevan
de.

s signos de
errogación
utilizan dos
ces, al principio
l final de las
guntas.

3 **Observa los interrogativos de la ... o anterior y analiza cómo se escrib...**

a ¿Qué palabras se parecen con las de...

- [ ] Todas.
- [ ] Casi todas.
- [ ] Ninguna.

b Circula las principales diferencias.

4 Ahora, completa las respuestas y relaciónalas con las preguntas:

a ¿De dónde eres?
b ¿Dónde vives?
c ¿Cómo se llama(n) tu(s) hermano/a/os/as?
d ¿Cuáles son tus apellidos?
e ¿Qué estudias?
f ¿Cuál es tu apodo?

[ ] Estoy en ____.
[ ] Vivo en ____.
[ ] Es ____. / No tengo apodo.
[ ] Soy de ____.
[ ] Se llama(n) ____.
[ ] Son ____.

5 Observa el cuadro que está abajo y completa las frases a continuación con los verbos **ser** o **estar**, en presente:

Presente de indicativo

	Ser	Estar
Yo	*soy*	*estoy*
Tú, vos	*eres/sos*	*estás*
Él, ella, usted	*es*	*está*
Nosotros, nosotras	*somos*	*estamos*
Vosotros, vosotras	*sois*	*estáis*
Ellos, ellas, ustedes	*son*	*están*

a (yo) ____ Javier. ____ en quinto de primaria.

b (tú / vos) ¿ ____ brasileño?

c María ____ muy contenta.

d (nosotras) ____ españolas y ____ en Brasil hace dos meses.

e (ustedes) En general ____ puntuales. ¿Por qué hoy ____ retrasados?

f (vosotras) ¿ ____ enfadadas porque los niños han llegado tarde?

g (ellos) ____ franceses, pero ____ viviendo en Guatemala.

h Hoy Jaime y tú ____ los primeros en cantar.

6 Ahora observa la conjugación de los verbos **vivir**, **llamarse** y **estudiar** en presente y completa estas frases:

Presente de indicativo

Vivir	Llamarse	Estudiar
vivo	*me llamo*	*estudio*
vives/vivís	*te llamas/te llamás*	*estudias/estudiás*
vive	*se llama*	*estudia*
vivimos	*nos llamamos*	*estudiamos*
vivís	*os llamáis*	*estudiáis*
viven	*se llaman*	*estudian*

a ____ Juan Martín. ____ uruguayo, pero ____ en España.

b (tú / vos) ____ brasileño y ____ en Brasil. ¿ ____ español?

c Los niños se llaman Pedro y Clara.

d Mis amigos y yo estudiamos inglés y español casi todos los días.

e (yo) Soy de Perú y vivo en Lima. Estudio portugués en la escuela.

f (vosotros) ¿Vivís y estudias en Brasil?

g (él) se llama Antonio y vive en Córdoba.

7 Escribe las preguntas:

a ¿Como te llamas? Me llamo Raúl.

b ¿donde vives? Vivo en San José, República Dominicana.

c ¿Quien eres? Soy Juan, tu nuevo vecino.

d ¿donde Estudio sexto de primaria.

8 Utiliza tu imaginación y presenta a estas personas:

a Hola, me llamo thiago soy de lo mexico, tengo 7 años.

BRAD WILSON / WIDE IMAGES

b Hola ¿Como vas? Yo soy Amanda, tengo 8 años.

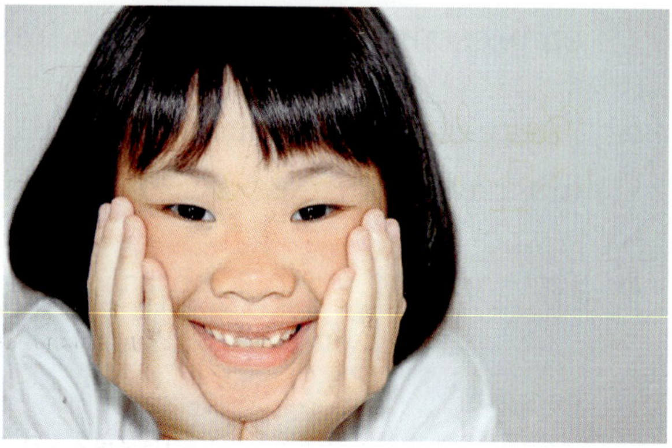

I359702/SHUTTERSTOCK/GLOW IMAGES

ALGO MÁS

1 ▸ PISTA 2 Lee el texto que está abajo y escucha otra vez las presentaciones de las páginas 6 y 7. Allí tienes una española, un argentino, una cubana y un venezolano. Observa las diferencias de acento.

¡Viva la diversidad!

Sabes que el portugués, el idioma de Brasil, también es lengua oficial en Angola, Cabo Verde, Guinea-Bissau, Mozambique, Portugal, San Tomé y Príncipe y Timor Oriental. Aunque se trata de un mismo idioma, hay variedades propias de cada región. Por ejemplo, portugueses y brasileños tienen acentos distintos. Incluso en Brasil, en cada región hablamos de modo diferente. Lo mismo ocurre con el español. En cada país o región se presentan variedades de la misma lengua.

2 ▸ PISTA 5 Escucha ahora una canción con los nombres de las letras en español.

Con la A escribo Angola,
Albania y Alemania;
con la BE, Brasil, Bulgaria.
Con la CE se escribe Cuba
y con la DE, Dinamarca.
Con la E hay Ecuador;
con la EFE empieza Francia;
con la GE, Groenlandia,
y con la HACHE, Haití. (H)
Con la I escribo Irlanda;
con la JOTA, Japón, Jamaica;
con la KA, Kazajstán;
y con la ELE, Lituania.
Con la EME hay Malawi,
Malasia y Mozambique;
y con la ENE, Nicaragua.
Ya la EÑE hay en España. (Ñ)
Con la O se escribe Omán;
con la PE, París, Panamá;
con la CU yo hablo quechua
con el pueblo en Perú.
Con la ERE empieza Rusia;
y con la ESE, Senegal.
Con la TE hay Tunisia;
con la U, Uruguay;
y con la UVE, Vietnam.
¿Dónde se ve la DOBLE UVE? (W)
En el medio de Taiwán.
Ya la EQUIS está en México;
la I GRIEGA en Yemen; (Y)
y la ZETA en Zimbabwe.

3 Vuelve a la canción y completa los huecos con las letras señaladas.

Lee y reacciona

1 Tienes a continuación cartas en las que algunos chicos se presentan porque quieren hacer nuevos amigos. ¿Qué vehículos de comunicación suelen publicar ese tipo de carta?

- ☐ revistas
- ☐ libros de poemas
- ☐ sitios de la internet
- ☐ diccionarios

2 Imagina que te toca escribir una carta para buscar nuevos amigos. Señala las informaciones que te parezcan fundamentales en un texto como este:

- ☐ nombre
- ☐ edad
- ☐ características físicas
- ☐ fecha de nacimiento
- ☐ nivel de estudios
- ☐ dirección
- ☐ gustos o preferencias

3 Ahora lee las cartas y enseguida di a quién pertenece cada habitación:

WAVEBREAKMEDIA LTD/SHUTTERSTOCK/GLOW IMAGES

Hola. Soy María Inés, tengo doce años y vivo en San Martín de los Andes, Argentina. Me gustaría cartearme con chicos de mi edad. Me encantan las muñecas japonesas y los videojuegos. Les mando un saludo a Rocío y a Mariana. Vivo en la Calle Guerrero, 11, y mi dirección electrónica es <marinesgonzalez@aol.ar>.

María Inés González

DIGITAL MEDIA PRO/SHUTTERSTOCK/GLOW IMAGES

Mi nombre es Diego, tengo nueve años y quiero cartearme con chicos y chicas que tengan mi edad. Me gusta jugar al fútbol y mirar la tele. Vivo en Pringles, 4766, Buenos Aires, Argentina.

Diego Bertolini

GIOVANNI ORTIZ/SHUTTERSTOCK/GLOW IMAGES

¿Qué tal? Me llamo Ignacio y tengo once años. Me gusta escuchar música, escribir poemas, ir al cine, etcétera. Tengo dos hermanas, Lola y Concha. Y tengo también un gato y una gata. Quiero corresponderme contigo. Mi dirección es Avenida Libertad, 20. Madrid, España.

Ignacio Sánchez Romano

AUREMAR/SHUTTERSTOCK/GLOW IMAGES

¡Hola! Soy Juanjo. Tengo trece años y vivo en Calle Francia, 18, Sevilla, una hermosa ciudad española. Tengo dos hermanos mayores. Practico baile y me gusta mucho leer novelas de ciencia ficción y de brujerías. Quiero corresponderme con chicos de todo el mundo. ¡Escribidme!

Juan José Saavedra

Adaptadas de *Disney explora*, 3 y 4, Paraguay, s/f.

a

c

GALVÃO / ARQUIVO DA EDITORA

b

d

4 Completa el cuadro con los datos de los chicos:

Nombre	Apellido	Edad	Gustos
Mario Inés	Gozalez	12 años	Boñecas japonenas e los videus jugos
Diego	Bertoline	9 años	Jugar futebol y mirar la tele
Ignacio	Sánchez Romanño	11 años	escuchar música, escribi poemas, ir al cine
Juan José	Saavedra	13 años	Leer novelas de ciencias de ficción y brujerías, practicar baile

5 En los textos que has leído, hay:

- [x] informaciones sobre quiénes son los chicos (nombre, dónde viven, dirección).
- [ ] narración de cómo eran sus vidas antes de escribir cartas para hacer nuevos amigos.
- [x] descripción de los pasatiempos favoritos de cada uno.
- [x] declaración de la razón por la que están escribiendo.

6 Observa en cada texto de qué modo los chicos se presentan y transcribe, a continuación, las expresiones que utilizan para identificarse:

Las expresiones: Mi nombre es, Me llamo y soy.

7 ¿Cómo hablan de sus pasatiempos favoritos? Subraya en el texto las expresiones encontradas.

8 ¿Y tú? ¿Cuáles son tus pasatiempos favoritos?

Mis pasatiempos son ficar con mi celular y jugar con mis amigos.

Producción escrita

Ahora te toca a ti escribir, en una hoja aparte, una carta como las que has leído en la sección *Lee y reacciona*. Pero antes relee las cartas y observa algunas de sus características.

En general, las personas empiezan las cartas saludando a los lectores.

Algunas informaciones personales son fundamentales, ¿no es cierto? Así que nombre, edad y lugar donde uno vive, por ejemplo, son algunas de las informaciones que están en todas las cartas.

También suele ser corriente manifestar los gustos y las preferencias, pues ese tipo de información es fundamental para que uno encuentre a personas con quienes pueda compartir gustos en común.

Y, claro, como se trata de una relación por medio de cartas, se necesita una dirección adonde enviarlas.

Los textos son cortos y muy objetivos y se utiliza en ellos un lenguaje informal.

Para charlar

- ¿Alguna vez has conocido a alguien a través de internet?
- ¿Crees que esos medios son buenos para conocer gente y hacer amigos? ¿Por qué?
- ¿Cuáles son las ventajas y las desventajas de las amistades virtuales?

PROYECTO FESTIVAL DE POESÍA

Objetivo

Realizar un festival de lectura y declamación de poesía.

¡Manos a la obra!

Para realizar el festival tienes que buscar los poemas, elegir el que te gusta y entrenar bien la lectura para presentárselo a los demás compañeros.

Materiales

> poemas de autores hispánicos
> diccionario

Paso a paso

1 Elige el poema

Direcciones electrónicas en las que puedes encontrar textos de poetas de distintos países de lengua española: <http://members.tripod.com/~poesialat/poetas.html>, <www.poesia-inter.net/index.htm> y <www.cervantesvirtual.es>. Acceso el 15 de noviembre de 2011.

Haz una investigación en la biblioteca de la escuela o en sitios de internet y busca poemas de autores hispánicos. En algunas páginas *web* hay incluso lecturas dramatizadas de algunos poemas. Escúchalas y pon atención en el ritmo del texto, en la pronunciación de las palabras y en el sentimiento que suele caracterizar este tipo de lectura.
A continuación hay algunos poemas seleccionados que pueden servirte de modelo en tu búsqueda o incluso para la dramatización.

Nana de la cabra

La cabra te va a traer
un cabritillo de nieve
para que juegues con él.

Si te chupas el dedito,
no te traerá la cabra
su cabritillo.

Rafael Alberti, *Marinero en tierra*, Losada, Buenos Aires, 1998.

Campana

En la torre
amarilla,
dobla una campana.

Sobre el viento
amarillo,
se abren las campanas.

En la torre
amarilla,
cesa la campana.

El viento con el polvo
hace proras de plata.

Federico García Lorca, *Obra poética completa*,
Martins Fontes, São Paulo, 1996.

Sapito y sapón

Sapito y sapón
son dos muchachitos
de buen corazón.
El uno, bonito,
el otro, feón;
el uno, callado,
el otro, gritón;
y están con nosotros
en esta ocasión
comiendo malanga,
casabe y lechón.

Nicolás Guillén, *Nicolás Guillén para niños*,
Ediciones de la Torre, Madrid, 2000.

Una vez hecha la investigación, elige el poema que más te gusta. Se puede elegir por el tema, por las rimas, por la musicalidad, por las palabras o por lo que te haya llamado la atención.

2 Ensáyalo

Ahora entrena la lectura del poema. Puedes recitarlo de memoria o hacer una lectura dramatizada.

3 Preséntate

El día del festival, le toca a cada uno declamar o hacer una lectura dramatizada del poema elegido.
Con tus compañeros puedes decorar el ambiente con dibujos y fotos relacionados con los poemas que cada uno va a presentar y con sus autores.
Después de las lecturas, se puede hacer un tendedero con todos los poemas leídos.

UNIDAD 2

ARIEL SKELLEY/CORBIS/LATINSTOCK

▼ *Vas a escuchar y leer pequeños textos en los que algunos jóvenes se describen. ¿Qué tipos de informaciones crees que vas a encontrar en los textos? Discute con tus compañeros y, enseguida, busca en la sopa de letras algunas de esas informaciones:*

Ñ	E	V	C	D	E	C	O
A	I	N	O	M	B	R	E
X	P	F	L	H	I	Ñ	D
I	N	E	O	R	T	N	A
V	A	R	R	G	I	A	D
E	W	Z	D	L	P	N	Y
S	E	Z	E	M	O	T	B
T	N	A	L	E	F	R	R
I	W	Y	P	A	I	V	E
M	R	A	E	T	S	A	F
I	S	M	L	M	I	I	G
E	I	U	O	A	C	S	F
N	A	Ñ	E	R	O	D	B
T	E	A	B	A	G	E	O
A	L	T	U	R	A	Y	F

Así se dice

► PISTA 6 **Escucha cómo se describen a sí mismas algunas personas y trata de buscarlas en la foto. Pero, ¡cuidado!, cada una de ellas ha dicho una mentira.**

¿Cómo somos?

Soy Lucía, la mayor de tres hermanas. Tengo doce años y estoy en sexto. Soy rubia, tengo el pelo largo y rizado. No soy muy alta. Llevo un *top* rosa y una gorra roja, preciosa, que me regaló mi abuela. ¿Dónde estoy?
Hola, soy Paloma. Tengo el pelo negro, largo y liso. Soy alta y llevo pendientes y camisa a rayas.

Así lo dices

1 Después de descubrir quién es quién en la foto anterior, identifica cuál es la mentira y corrige los textos.

a Paloma Pelo curto

b Juan Camisa violeta

c Lucía Camisa rayo

d Julio Camisa verde

2 Completa las frases con las respuestas verdaderas:

a Los ojos de Julio son castanho y su pelo negro.

b Juan es bajo, rubio y delgado.

c Paloma tiene el pelo negro, largo y liso.

d Lucía es rubio y tiene el pelo largo y rizado.

e Julio es negro, alto y delgado.

f La camiseta de Juan es violeta.

g Paloma lleva camiseta Rosa y pendientes raiyas.

h Julio lleva camiseta Blanco.

i Lucía lleva un *top* rosa y una gorra rojo.

3 Y tú, ¿cómo eres? ¿Cómo vas vestido ahora?

Soy alta, mis cabelos son castaños e mis ollos también. Estoy usando una camiseta negra.

CAROLINE SCHIFF/ GETTY IMAGES

4 Escribe sobre la imagen los nombres de las partes del cuerpo humano que están en el cuadro:

barriga	boca	brazo	cabeza	codo	dedo	frente	mano
muslo	nariz	ojo	oreja	pelo	pie	pierna	rodilla

Charla

1 ▸ PISTA 7 Margarita y sus compañeros están jugando a las adivinanzas. Todos hacen preguntas y ella contesta **Sí** o **No**. Escucha las preguntas y las respuestas y descubre de quién hablan:

☐ 

MARC ROMANELLI/PHOTOGRAPHER'S CHOICE/GETTY IMAGES

☐ 

IOFOTO/SHUTTERSTOCK/GLOW IMAGES

☐ 

CHEPE NICOLI/SHUTTERSTOCK/GLOW IMAGES

☐ 

COMMERCIAL EYE/GETTY IMAGES

☐ 

TOMMASO TUZJ/GETTY IMAGES

☒ 

PHILIP LEE HARVEY/GETTY IMAGES

2 Ahora te toca jugar a las adivinanzas y charlar en español con tus compañeros de clase.

- Forma con tus compañeros un grupo de cinco.
- Se escriben en papelitos los nombres de todos los compañeros de clase.
- Cada integrante del grupo, a su turno, sortea un nombre.
- Los demás hacen preguntas para intentar adivinar quién es.
- El alumno que hizo el sorteo contesta "Sí" o "No".
- Quien adivina gana puntos. El que acumule el mayor número de puntos al final gana el juego.

3 Con un/a compañero/a, observa las fotos y contesta a las preguntas:

a Alberto:

¿Es blanco? No

¿Es bajo? No

¿Es gordo? No

¿Tiene el pelo liso o rizado? rizado

¿Cómo va vestido? la blusa azul

¿Lleva gafas? No

AVAVA/SHUTTERSTOCK/GLOW IMAGES

b Juana:

¿Tiene el pelo rizado? No

¿Es rubia? Sí

¿Es delgada? No

¿De qué color tiene los ojos? azules

¿Cómo va vestida? Blusa roja

¿Lleva sandalias o zapatillas? No

ALIAKSEI LASEVICH/SHUTTERSTOCK/GLOW IMAGES

CÓMO SE USA

1 Lee el cómic y contesta oralmente:

BUD BLAKE/2002 KING FEATURES SYNDICATE, INC.

Bud Blake, *Tigrillo*, 2 de febrero de 2002.

a ¿Cuál es la principal diferencia entre las niñas y los niños según el cómic?

b ¿En portugués también es así?

c ¿En portugués todas las palabras femeninas terminan en **a**?

2 Utiliza los verbos **ser**, **tener** y **llevar** y las palabras de los cuadros y haz frases que describan a un/a amigo/a tuyo/a:

				rizado		*camisa*	*blanco/a/s*
				liso		*pantalones*	*amarillo/a/s*
	alto/a		el pelo	*corto*		*blusa*	*azul/es*
	bajo/a			*largo*		*zapatos*	*verde/s*
	gordo/a					*zapatillas*	*rojo/a/s*
es	*delgado/a*	***tiene***		*grandes*	***lleva***	*calcetines*	*rosa/s*
	negro/a			*pequeños*		*vestido*	*negro/a/s*
	rubio/a		los ojos	*castaños*		*gorra*	*marrón/es*
	moreno/a			*negros*		*falda*	*morado/a*
				verdes		*chaqueta*	*gris/es*
				azules		*camiseta*	*lila*

My amiga es alta, tiene el pelo corto, los ojos castaños

Presente de indicativo

	Tener	Llevar
Yo	*tengo*	*llevo*
Tú, vos	*tienes / tenés*	*llevas / llevás*
Él, ella, ud.	*tiene*	*lleva*
Nosotros/as	*tenemos*	*llevamos*
Vosotros/as	*tenéis*	*lleváis*
Ellos/as, uds.	*tienen*	*llevan*

3 En general, ¿cómo se diferencian las palabras femeninas y masculinas en portugués?

- [ ] Usando **e** para masculino y **a** para femenino.
- [x] Usando **o** para masculino y **a** para femenino.
- [ ] Usando **o** para masculino y **e** para femenino.

4 ¿Existen excepciones?

- [ ] No, son todas iguales.
- [ ] Sí, hay palabras específicas que no siguen la regla, como *nuvem*.
- [x] Sí, hay palabras que pueden ser femeninas y masculinas al mismo tiempo, como *gerente*.

5 Observa en el cuadro al lado algunas reglas para la formación del femenino en español. A continuación, pasa al femenino las palabras en negrita y reescribe el texto haciendo los cambios necesarios:

Mario es un joven de quince años que estudia y a la vez trabaja como actor. No es muy delgado, tampoco es alto. Mario no tiene **hermanos** y actualmente vive con su **padre** y con su **abuelo paterno**. Su **padre** es guatemalteco y trabaja como abogado. Mientras que su **abuelo** es iraní y trabaja como periodista.

Leticia es una estudiante de profeso-ra.

Para formar el femenino

En palabras que terminan en **O** y en algunas que terminan en **E**, la terminación cambia por **A**: **abogado / abogada**; **rubio / rubia**; **monje / monja**. En palabras que terminan en consonante, añadimos **A**: **profesor / profesora**; **señor / señora**.

6 Así como en portugués, algunas palabras en español tienen una forma femenina muy distinta de la masculina. Relaciona las columnas:

a	el hombre	d	la madre
b	el toro	a	la mujer
c	el caballo	b	la vaca
d	el padre	e	la nuera
e	el yerno	c	la yegua

7 Teniendo en cuenta que algunas palabras en español tienen género distinto a su equivalente en portugués, completa el cuadro:

▼
Palabras que terminan en **-aje** son masculinas: **el viaje, el mensaje, el paisaje**, etc.
▼
Las que terminan en **-umbre** son femeninas: **la legumbre, la muchedumbre**, etc.

Masculino en español	Femenino en portugués	Femenino en español	Masculino en portugués
el guante	*a luva*	la crema	*o creme*
el pantalón	a calça	la leche	o leite
el puente	a ponte	la costumbre	
el estreno		la nariz	o nariz
el color	a cor	la sal	o sal

8 Completa la tabla según las reglas de formación del plural:

Para formar el plural
▼
Añadimos **S** en palabras terminadas en vocales (excepto cuando acaban en **I** y **U** tónicas): **casa / casas; parque / parques; café / cafés; guapo / guapos**.
Añadimos **ES** en palabras terminadas en consonantes y en las que terminan en **I** y **U** tónicas: **papel / papeles; mar / mares; tabú / tabúes; rubí / rubíes**.
Si la palabra termina en **Z**, la cambiamos por **CES: pez / peces**.

Singular	Plural	Singular	Plural
catedral		rubio	rubios
patalón	pantalones	azul	azules
zapato	zapatos	marrón	marróns
cinturono	cinturones	gris	grises
aprendiz	aprendizes	rojo	rojos
nariz	narices	sombrero	sombreros
mayor	mayores	iraquí	iraquís

9 Completa los espacios con los artículos definido e indefinido adecuados:

	Singular	Plural
Masculino	*el muchacho*	*los muchachos*
	un hombre	*unos hombres*
Femenino	*la muchacha*	*las muchachas*
	una mujer	*unas mujeres*

a el vestido un vestido

b ella minifalda una minifalda

c los calcetines los calcetines

d unas bufandas unas bufandas

e ______ sombrero ______ sombrero

f ______ pantalones ______ pantalones

g ______ bolso ______ bolso

10 **▸ PISTA 8** Completa los huecos de esta canción popular con los artículos **el**, **la**, **los**, **las**, **un**, **uno**, **una**, **unas**. Enseguida, escucha la canción y comprueba si lo has hecho correctamente:

La tarara

Tiene ______ tarara ______ vestido blanco
que sólo se pone en ______ Jueves Santo.
______ tarara sí, ______ tarara no,
______ tarara madre te la bailo yo.

Tiene ______ tarara ______ cesto de frutas
que si se las pido me las da maduras.
______ tarara sí, ______ tarara no,
______ tarara madre te la bailo yo.

Tiene ______ tarara ______ dedito malo
que no se lo cura ningún cirujano.
______ tarara sí, la tarara no,
______ tarara madre te la bailo yo.

Tiene ______ tarara un cesto de flores
que si se las pido me da las mejores.
______ tarara sí, ______ tarara no,
______ tarara madre te la bailo yo.

Tiene ______ tarara ______ pantalones
que de arriba abajo todo son botones.
______ tarara sí, ______ tarara no,
______ tarara madre te la bailo yo.

Tiene ______ tarara ______ vestido verde
lleno de volantes y de cascabeles.
______ tarara sí, ______ tarara no,
______ tarara madre te la bailo yo.

Extraída de <www.elhuevodechocolate.com>. Acceso el 25 de junio de 2011.
Arreglo producido especialmente para esta obra (ISRC BR-XMV-1200001).

ALGO MÁS

1 ▸ PISTA 9 Escucha la lectura de un poema del escritor español Rafael Alberti.

2 ▸ PISTA 9 Escucha otra vez la grabación y, con un/a compañero/a, identifica las sílabas cuyos sonidos sean distintos del portugués que se habla en la región donde vives.

La niña que se va al mar

¡Qué blanca lleva la falda
la niña que se va al mar!

¡Ay niña, no te la manche
la tinta del calamar!

¡Qué blancas tus manos, niña,
que te vas sin suspirar!

¡Ay niña, no te las manche
la tinta del calamar!

¡Qué blanco tu corazón
y que blanco tu mirar!

¡Ay niña, no te los manche
la tinta del calamar!

Rafael Alberti, *Marinero en tierra*, Buenos Aires, Losada, 1998.

CAROLE HÉNAFF/ARQUIVO DA EDITORA

Lee y reacciona

1 Lee el poema de la española Alicia Borrás y relaciona las ilustraciones con los personajes:

De cuentos

En mi cuento había
un rey muy gracioso
a quien le encantaba
vestirse de oso
y una reina flaca
loca por las motos
que nunca llevaba
vestidos lujosos,
sino camisetas,
pantalón vaquero,
botas militares
y chupa de cuero.

SIMONE MATIAS/ARQUIVO DA EDITORA

En mi cuento, niños,
estaban también
las princesas Iria,
Irene e Inés.

Iria, la mayor,
era una princesa
(puedo asegurarlo)
de pies a cabeza.
Vestía con telas
siempre delicadas
y estaba atendida
por muchas criadas.

La segunda, Irene,
sólo era feliz
con un libro abierto
frente a su nariz.
En la biblioteca
se pasaba el día
leyendo y leyendo
los libros que había...

Inés, la tercera,
amaba el teatro
e iba por palacio
siempre interpretando...
Podíamos verla
Recitando versos
o frente a un espejo
ensayando gestos.

Todos en mi cuento
eran muy felices
y seguramente
comían perdices...

SIMONE MATIAS/ARQUIVO DA EDITORA

Alicia Borrás. Extraído de <www.poemitas.com>. Acceso el 15 de noviembre de 2011.

2 Discute con tus compañeros y contesta a las preguntas:

▼ **Verso**: cada una de las líneas de un poema.
Rima: coincidencias de sonidos entre los distintos versos.
Estrofa: grupo de versos.
▼ **Prosa**: texto que no está sujeto a medidas y cadencias como el poema.

a ¿Cómo está escrito el texto? ¿En prosa o en verso?

El texto está escrito en versos.

b ¿Los versos son cortos o largos?

Los verzoz son corto e largos

c ¿El ritmo del texto es rápido o lento?

Es rapido

d ¿Hay rimas? Identifícalas.

Hai.

3 Ahora les toca a tus compañeros y a ti reescribir la primera estrofa del poema, sustituyendo las palabras en negrita por otras. Intenta mantener el ritmo y el sentido del texto.

> Utiliza los adjetivos que has estudiado en esta unidad y, si es posible, utiliza un diccionario.

Poema	Reescritura
En mi cuento había	En mi cuento había
un rey muy **gracioso**	un rey muy generoso
a quien le encantaba	a quien le encantaba
vestirse de oso	vestirse de oso
y una reina **flaca**	y una reina
loca por las motos	loca por las motos
que nunca llevaba	que nunca llevaba
vestidos **lujosos**,	vestidos
sino camisetas,	sino camisetas,
pantalón **vaquero**,	pantalón vaquero
botas **militares**	botas
y chupa de cuero.	y chupa de cuero

SIMONE MATIAS/ARQUIVO DA EDITORA

REPASO CONTENIDOS DE LAS UNIDADES 1 Y 2

1 Relaciona:

a Hola, ¿qué tal?
b Gracias.
c Perdona, lo siento.
d Buenas noches.

[ ] No te preocupes.
[ ] Bien, ¿y tú?
[ ] Buenas noches.
[ ] De nada.

2 ¿Sabes de dónde son estas personas? Busca su nacionalidad en la sopa de letras:

U	E	D	T	P	L	Ñ	W	O	R	D	N	O
H	U	Y	T	A	E	R	I	A	O	Ñ	D	Ñ
L	A	E	R	E	N	Ñ	U	T	V	F	D	A
E	B	R	A	S	I	L	E	Ñ	A	Ñ	M	H
P	A	S	L	P	P	D	R	E	A	F	E	I
N	R	E	J	A	I	N	O	U	B	L	A	B
M	H	R	I	Ñ	O	M	E	R	I	V	B	E
A	F	A	C	O	L	O	M	B	I	A	N	A
A	N	O	R	L	E	T	Y	T	N	W	X	S
S	N	E	D	S	N	U	O	D	E	T	S	E

DARCIO TUTAK/LATINCONTENT STRINGER/COLABORADOR/GETTYIMAGES

a Camila Pitanga es ______.

GUILLERMO LEGARIA/AGÊNCIA FRANCE-PRESSE

JEFF SCHULTES/SHUTTERSTOCK/GLOW IMAGES

b Alejandro Sanz es ______.

c Shakira es ______.

3 Completa la tabla:

Presente de indicativo	Ser	Estar	Llamarse	Vivir
Yo	soy	Estoy	me llamo	vivo
Tú, vos	eres	estás	te llama	vives / vivís
Él, ella, usted	es	está	se llaman	vive
Nosotros, nosotras	somos	estamos	nos llamamos	vivimos
Vosostros, vosotras	sois	estáis	llamais	vivís
Ellos, ellas, ustedes	son	están	se llaman	viven

4 Utiliza tu imaginación y escribe un pequeño texto para cada una de estas personas:

PT IMAGES/SHUTTERSTOCK/GLOW IMAGES

a Hola, me llamo Henrique, tengo 15 años.

STUDIO 1ONE/SHUTTERSTOCK/GLOW IMAGES

c Hola soy marina tengo 8 años, tengo una hermana

MARK SKALNY/SHUTTERSTOCK/GLOW IMAGES

b Hola soy samira, vivo no amazonas

DARRIN HENRY/SHUTTERSTOCK/GLOW IMAGES

d Me llamo Pietro tengo 9 años [illegible] mucho.

5 Completa el crucigrama con las partes del cuerpo humano:

SIMONE MATIAS/ARQUIVO DA EDITORA

6 Haz esta actividad de la revista *Billiken* y describe oralmente al hombre antes de disfrazarse y después. Utiliza los verbos **ser**, **tener** y **llevar**:

SPÓSITO/ACERVO DO ARTISTA

Adaptado de *Billiken*, 4311, Buenos Aires, 23 de agosto de 2002.

7 Lee estas adivinanzas sobre las prendas de vestir y búscalas en el ropero. Luego, di cómo se llaman:

1 Guardado en invierno, lo busco en verano, es mi único traje en sitios de baño.

2 Mujer del zapato, más grande que él, evita que el barro llegue hasta mis pies.

3 Resuelve este dilema: es una y es media.

4 Le piso y no se queja, lo cepillo si se mancha, y con su hermano gemelo bajo mi cama descansa.

5 Hoy cuando me levanté, me puse uno en cada pie. Como no son los zapatos, di tú, ¿qué puede ser?

6 Sobre la cabeza va y me la quito y me la pongo con el frío y el calor.

7 Protegen diez hermanos, que viven en el mismo bloque, pero cinco en cada mano.

8 No es árbol, pero tiene copa y me protege en invierno y en verano.

Adaptadas de <www.aulainfantil.com>. Acceso el 16 de noviembre de 2011.

SIMONE MATIAS/ARQUIVO DA EDITORA

¿Cómo te evalúas?

	Siempre	A veces	Nunca
Hago las tareas			
Cumplo los plazos			
Participo en las clases			
Coopero con el grupo			

UNIDAD 3

Así se dice

▸ PISTA 10 **Escucha lo que contesta cada chico a la pregunta: ¿Con quiénes vives?**

▼

A continuación vas a escuchar y leer lo que dicen algunas personas sobre la familia. Subraya el tipo de información que crees que vas a escuchar:

profesiones
nombres de personas
parentescos
día del cumpleaños

SUPERSTOCK/KEYSTONE

Mi padre se llama José Luis y tiene cuarenta años. Es músico, pero trabaja como dependiente en una tienda de ropa. Mi madre se llama Carolina y es profesora en una escuela de música. Mi hermana, Alicia, y yo somos mellizos.

Fernando

Mi familia es así

En mi casa vivimos ocho personas: mi abuela María, mi padre y mi madre, mi tía Mariana, mi primo Javier, mi hermana Pilar, mi sobrino Gustavo y yo. Mi abuela es ama de casa y mis padres son abogados, pero trabajan como periodistas. Mi hermana Pilar es cantante y mi tía es enfermera, pero está en paro.

Beatriz

Vivo con mis abuelos Clara y Agustín. Mis padres están separados hace dos años. Mi madre se llama Julia y es psicóloga. Mi padre es médico y trabaja en el Hospital Municipal. Tengo dos hermanas: Juliana, que tiene doce años y está en séptimo, y Clara, que tiene ocho años y está en segundo. Mis abuelos están jubilados.

Lucía

Así lo dices

1 **A ver si te acuerdas. Lee las frases y corrígelas:**

a El padre de José Luis se llama Fernando.

El padre de Fernando se llama José Luis

b La madre de Fernando trabaja como maestra en una guardería.

c Julia es la abuela de Lucía.

Clara es la abuela de Lucía

d Los padres de Beatriz son periodistas, pero trabajan como abogados.

2 **Ahora, escribe un texto como los que leíste en la actividad de apertura.**

Mi madre se llama Andreza ella trabaja con la social midia, mi padre se llama Anderson ello es ingeniero electricista ella trabaja en la Cemig.

Moro con mi madre, tengo dos hermanos por la parte de mi madre y un hermano por parte de mi padre.

Moro en Belo Horizonte

3 Busca en la ciudad los miembros de la familia de Pedro. Cada uno está en su trabajo y las profesiones están apuntadas en el cuadro.

1 dependiente	6 camarero/a	11 cartero/a	16 cocinero/a
2 conductor/a	7 dentista	12 fontanero/a	17 fotógrafo/a
3 ingeniero/a	8 jardinero/a	13 mecánico/a	18 médico/a
4 albañil	9 peluquero/a	14 piloto	19 pintor/a
5 policía	10 profesor/a	15 taxista	20 veterinario/a

Charla

1 **▸ PISTA 11** La profesora de español de una escuela secundaria les pidió a los alumnos de cuarto que entrevistaran a los compañeros de primero. Escucha una de las entrevistas y corrige las frases:

a Los apellidos de Alicia son González Rojo.

____

b La madre de Alicia es enfermera.

____

c Su padre es profesor.

____

d Alicia va a estudiar medicina.

____

e Alicia tiene diez años.

____

f Alicia es chilena, de Santiago.

____

2 **▸ PISTA 11** Escucha una vez más la grabación y comprueba si has hecho correctamente la actividad anterior.

GALVÃO/ARQUIVO DA EDITORA

CÓMO SE USA

1 Lee el cómic y observa que el verbo **tener** aparece dos veces. ¿En cuál de ellas está en presente?

Nik, *Gaturro 8*, Buenos Aires, Ediciones de la Flor, 2008.

2 Utiliza las palabras del cuadro y completa la tabla de verbos:

tenemos **estoy** **trabaja** **tienen** **estáis** **trabajo**

Presente de indicativo			
	Trabajar	**Tener**	**Estar**
Yo	trabajo	tengo	Estoy
Tú, vos	trabajas / trabajás	tienes / tenés	estás
Él, ella, usted	trabajo	tiene	está
Nosotros, nosotras	trabajamos	tenemos	estamos
Vosotros, vosotras	trabajáis	tenéis	estáis
Ellos, ellas, ustedes	trabajan	tienen	están

3 Consulta la tabla del ejercicio anterior y rellena los huecos con los verbos:

a __________ doce años y __________ en primero de secundaria, mi hermana __________ catorce y __________ en tercero.

b Mis padres __________ como dependientes y mis abuelos __________ jubilados.

c Mi hermano y yo somos estudiantes y __________ como guías turísticos.

d La madre de Pedro es profesora, pero __________ como editora de libros didácticos.

e Lucía __________ dos hermanas, una de ellas __________ en séptimo.

f La tía de Beatriz __________ como enfermera.

4 Contesta a las preguntas:

a ¿Tienes hermanos? ¿Cómo se llaman?

____

b ¿Dónde trabajan tus padres?

____

c ¿Dónde están tus abuelos ahora?

____

d ¿Tienes primos? ¿Dónde viven?

____

e ¿De dónde son tus bisabuelos? ¿Están vivos?

____

5 Observa las palabras destacadas en la tira. Después, contesta a las preguntas:

Hoest, *Ágata 3*, Bogotá, Oveja Negra, 1987.

a ¿Qué indican esas palabras? Son palabras que indican a pertencia, o sea

b ¿A quién se refiere cada una de ellas? Yo

6 Ahora completa este cuadro con las formas de los posesivos:

Singular		**Plural**	
Masculino	**Femenino**	**Masculino**	**Femenino**
mi	mi	mis	mis
tu	tu	tus	tus
su	su	sus	sus
nuestro	nuestra	nuestros	nuestras
vuestro	vuestro	vuestros	vuestras
su	su	sus	sus

7 Ordena las frases y utiliza los posesivos que corresponden a los pronombres entre paréntesis:

a abuela / cocinera / es (yo)
Mi abuela es cocinera

b son / amigos / estudiantes (nosotros)
Nuestros amigos son estudiante

c madre / secretaria / es (ella)
Su madre es secretario

d es / hermano / dentista (yo)
Mi hermano es dentista

e son / padres / músicos (tú y yo)
Nuestros padres son músicos

f madrina / médica / es (vosotros)
Vuestra madrina es médica.

8 Lee este cómic en que Susanita le habla a Mafalda y marca (**V**) verdadero o (**F**) falso a las afirmaciones que están a continuación:

JOAQUÍN SALVADOR LAVADO (QUINO)/ ACERVO DO ARTISTA

Quino, *Toda Mafalda*, Buenos Aires, Ediciones de La Flor, 2000.

- [F] Susanita nunca se siente mejor o peor que las otras personas.
- [V] A Susanita le parece raro imaginar que es una persona como otra cualquiera.

9 Identifica en el cómic las expresiones utilizadas para hacer comparaciones.

ni peor ni mejor.

10 Observa la ilustración, elige un elemento de cada columna y forma frases:

GALVÃO/ARQUIVO DA EDITORA

Esta es la familia de Pedro, el benjamín de los Rodríguez. Su padre se llama José Antonio y su madre, Ana Luisa. Pedro tiene tres hermanos: Gustavo tiene quince años y está siempre de buen humor; Clara tiene trece, es rubia y lleva gafas; y María tiene diez y no se separa nunca de su bolso amarillo.

Pedro *José Antonio* *Ana Luisa* *Gustavo* *Clara* *María*	es	***más*** ***menos*** ***tan***	*alto/a* *bajo/a* *gordo/a* *delgado/a* *simpático/a* *joven*	***que*** ***como***	*Pedro* *José Antonio* *Ana Luisa* *Gustavo* *Clara* *María*

Pedro es más bajo que Gustavo.
Clara es tan delgada como maría.
José Antonio es tan alto como Ana Luisa.

Fíjate

Algunas estructuras que se utilizan para hacer comparaciones son **más ... que**, **menos ... que** y **tan ... como**.

11 Observa las fotos y escribe frases comparativas:

¿A que no sabes que hay algunos comparativos irregulares: **mejor, peor, mayor, menor?**

IOFOTO/SHUTTERSTOCK/GLOW IMAGES

Susana y su prima Tania

JAMES ROSS/GETTY IMAGES

Javier y su hermano Ramón

a Suzána es mas alta que su prima Tania.

c Ramón es mas gado y mas alto que javier.

ELENA ELISSEEVA/SHUTTERSTOCK/GLOW IMAGES

Julia y su amiga Leonor

ABSOLUTE-INDIA/SHUTTERSTOCK/GLOW IMAGES

Ester y su hija Marisol

b Julia es tan joven como su amiga Leonor

d Marisol es mas joven que su madre Ester

ALGO MÁS

1 ▸ PISTA 12 Escucha a un español y a un chileno jugando a decir trabalenguas y di qué diferencias hay en la pronunciación de los dos:

Con el trozo de tiza,
Tristán traza
toscos trazos.

2 En el cumpleaños del abuelo, José Antonio ha llamado a todos los miembros de la familia para una foto de recuerdo, pero como es muy perfeccionista ésta es la centésima que les sacan... Observa el retrato, después completa las descripciones con las palabras del cuadro:

cansado/a	aburrido/a	contento/a	enfadado/a
tranquilo/a	afligido/a	nervioso/a	triste

GALVÃO/ARQUIVO DA EDITORA

La madre está ______________, la abuela está ______________, el abuelo está ______________, los chicos están ______________, las chicas están ______________ y la tía está ______________. Sólo el padre está ______________... Y también el perro, que parece ______________.

Lee y reacciona

Los incas vivieron entre las montañas de Perú, hace unos 4 mil años. Pero sólo empezaron a fortalecer su presencia alrededor del año 1200 d.C. Los reyes Pachacuti y Topa Inca extendieron su imperio desde 1438 hasta 1493, que en esa época llegó a abarcar gran parte de lo que hoy es Ecuador, Bolivia, Chile y Argentina.

Adaptado de *El gran libro de preguntas y respuestas*, México, Larousse, 1999.

1 Lee el mito inca:

Amarú

Hubo una vez una gran **sequía**.

Casi todas las plantas y animales murieron y no había ni un poco de sombra. **Hasta** el cantú, que florece en la aridez, sintió que sus flores se morían. El último **capullo** del cantú transformó sus pétalos en alas y, convertido en **colibrí**, fue hasta la cordillera y le contó a una montaña que el mundo se moría debido a la gran sequedad. Y el colibrí, sediento y agotado, murió.

Entristecida por la devastación de la tierra y por el esfuerzo del colibrí, la montaña dejó escapar dos lágrimas que, como duras rocas, se abrieron **paso** ladera abajo hasta el lago, con gran estruendo. El ruido despertó al Amarú, la gran serpiente alada que duerme enroscada bajo la tierra, a lo largo de la cordillera.

El Amarú **se desperezó**, se sacudió, y levantó la cabeza. De su **hocico** surgió la **niebla** y el vapor, de sus alas cayó la lluvia en torrentes, de su **cola** de **pez** se desprendió el granizo y del reflejo del sol en sus escamas nació el primer arco iris.

De esta forma, renació la vida y reverdeció la tierra.

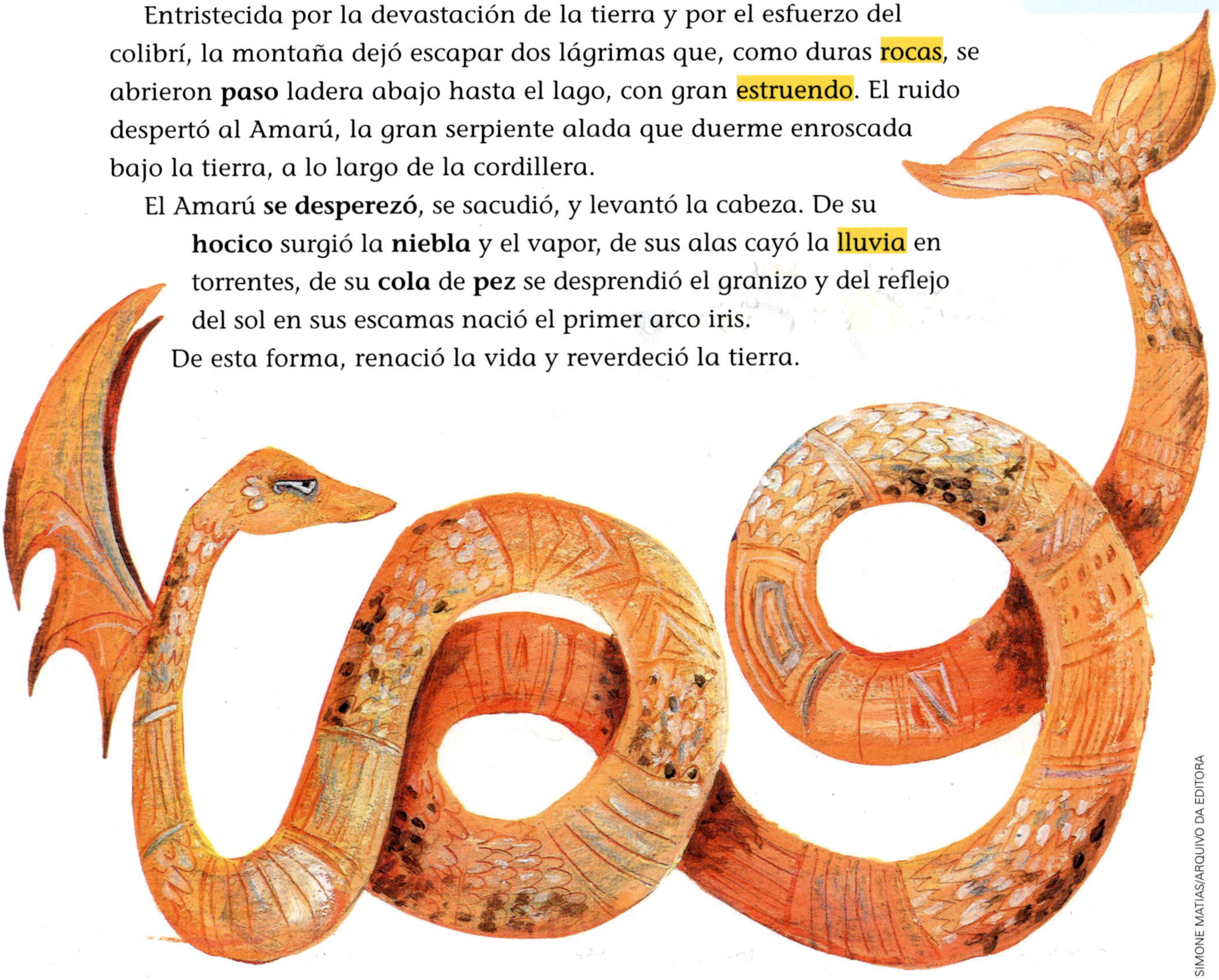

SIMONE MATIAS/ARQUIVO DA EDITORA

Adaptado de Sebastián Vargas, *Mitos de transformación y disfraz*, Buenos Aires, Estrada, 2001.

2 Relaciona las palabras con su significado en portugués:

a	sequía	☐	*focinho*
b	hasta	☐	*seca*
c	capullo	☐	*até*
d	colibrí	☐	*espreguiçou-se*
e	paso	☐	*rabo*
f	se desperezó	☐	*peixe*
g	hocico	☐	*caminho*
h	niebla	☐	*botão*
i	cola	☐	*beija-flor*
j	pez	☐	*névoa*

3 Lee el texto, piensa sobre lo que ya sabes sobre mitos y contesta:

En general, los mitos son narraciones maravillosas que, en algunos casos, explican el origen del mundo. Los personajes que caracterizan los mitos generalmente son dioses, animales y elementos de la naturaleza que tienen poderes extraordinarios.

a ¿Quiénes son los personajes que generalmente caracterizan los mitos?

- ☐ Hombres y mujeres.
- ☐ Dioses.
- ☐ Animales.
- ☐ Niños y niñas.
- ☐ Elementos de la naturaleza.

b ¿Por qué crees que las personas leen mitos?

- ☐ Para informarse sobre los cambios climáticos.
- ☐ Para entender los fenómenos de la naturaleza.
- ☐ Para entretenerse y conocer otras culturas y formas de ver la vida.
- ☐ Para resolver los problemas relacionados con el medio ambiente.

4 Enumera los dibujos de acuerdo con la secuencia del mito de Amarú:

ILUSTRAÇÕES: SIMONE MATIAS/ ARQUIVO DA EDITORA

PROYECTO ÁLBUM DE FOTOS

BANCO DE IMAGENS/ARQUIVO DA EDITORA

Objetivo

Hacer un álbum de fotos en el que se presenten a las personas de la familia.

¡Manos a la obra!

Materiales

> tijera
> cuaderno (de los que se utilizan para dibujar, de veinte hojas)
> pegamento
> fotos de la familia
> lápices de colores
> diccionario
> papeles de colores

Paso a paso

1 Escribe la presentación

En las primeras hojas del cuaderno, escribe una pequeña introducción para presentar a tu familia. Para empezar puedes decir cómo te llamas, cuántos miembros tiene la familia, cómo se llaman los más allegados, dónde viven y de dónde vienen.

2 Elige las fotos

Busca en tu casa fotos de todos los miembros de la familia. No te olvides de pedir permiso a tus padres para utilizarlas. Pega las fotos en las hojas del cuaderno, reservando espacio para escribir los subtítulos de las fotos y hacer la decoración.

3 Escribe los pies de foto

Inventa un subtítulo para cada una de ellas. Escribe también un pequeño texto para caracterizar a tus familiares. Debes poner los siguientes datos: vínculo familiar contigo, nombre, apellidos, apodo, profesión, edad y origen. Observa el modelo:

JEFFERSON COSTA/ARQUIVO DA EDITORA

Ese es mi padre, su nombre es Juan y sus apellidos son Moreno Rioja. Tiene cuarenta años y es de Guatemala. Trabaja como abogado. Es moreno, tiene el pelo liso, es alto y delgado. Es un hombre muy divertido.

4 Organiza un árbol genealógico

Dibuja el árbol genealógico de tu familia. Un árbol genealógico es un esquema o cuadro que muestra las relaciones de parentesco entre las distintas generaciones de una familia. Si quieres, puedes utilizar rostros recortados de fotos para ilustrarlo.

5 Decora el álbum de familia

Ahora te toca decorar el álbum. Ilústralo de la forma más personal posible. Utiliza los lápices y papeles de colores. Una vez listo, preséntaselo a tus compañeros para que todos conozcan a tu familia.

UNIDAD 4

▼ ¿Qué haces en la escuela?

▼ ¿Qué más te gusta en el colegio?

Así se dice

► PISTA 13 La Radio Independiente está haciendo una encuesta para saber qué hacen los chicos y chicas en el colegio. Escucha lo que dicen algunos de ellos.

A la escuela

¿Qué tal? Soy Rafa, Rafael Rodríguez Martín. En el cole juego al fútbol, hago excursiones, charlo con mis compañeros, les cuento chistes... Ah, y también estudio Inglés, Matemáticas, Español y otras asignaturas, claro.

Hola, mi nombre es Raquel Piñero Rojo. En el cole aprendo a escribir correctamente, a acentuar las palabras, a hacer cuentas, a resolver problemas... Pero lo que más me gusta aquí es la compañía de mis profesores y compañeros.

Así lo dices

1 ¿Qué hace cada uno de los personajes en la escuela? Relaciona:

a	Diego	b	aprende a respetar las diferencias.
b	Carmela		les cuenta chistes a sus compañeros.
c	Raquel	a	estudia Matemáticas, Inglés, Naturales, etc.
d	Rafael		aprende a resolver problemas.

2 Contesta a las preguntas:

a Algunos de los chicos se han referido a la importancia de la escuela para la socialización de las personas. Identifica y subraya las expresiones que remiten a esa idea de que la escuela es también un espacio para relacionarse.

b Los chicos hablan específicamente de algunas asignaturas. ¿Cuáles? ¿Coinciden con las de tu escuela?

c Considera lo que dijo cada uno de los chicos y di con cuál de ellos te identificas más.

3 Busca en el dibujo los objetos apuntados a continuación:

1	el cuaderno	9	la goma	17	la ventana
2	el bolígrafo	10	el estuche	18	la cortina
3	el lápiz	11	la regla	19	la papelera
4	la pizarra	12	la tijera	20	los fluorescentes
5	la tiza	13	el compás	21	la silla
6	el borrador	14	el mapamundi	22	la lapicera
7	el libro	15	el pupitre	23	el pegamento
8	el diccionario	16	la mesa	24	la mochila

JEFFERSON COSTA/ARQUIVO DA EDITORA

Charla

1 **▸ PISTA 14** Escucha la entrevista y escribe las palabras que se relacionen con el ambiente escolar:

2 **▸ PISTA 14** Escucha otra vez la grabación y contesta a las preguntas:

a ¿Cuál es el nombre y cuáles son los apellidos de la entrevistada?

b ¿Su casa está cerca de la escuela?

c ¿Cómo va a la escuela?

d ¿Qué es lo que más le gusta en el colegio?

JEFFERSON COSTA/ARQUIVO DA EDITORA

3 Completa la agenda con las clases que tienes cada día:

Portugués Español Inglés Historia
Geografía Matemáticas Ciencias Naturales
Artes Educación Física

Lunes	Martes	Miércoles	Jueves	Viernes	Sábado	Domingo
______	______	______	______	______	______	______
______	______	______	______	______	______	______
______	______	______	______	______	______	______
______	______	______	______	______	______	______
______	______	______	______	______	______	______

4 Ahora que ya sabes muchas palabras en español relacionadas con el ambiente de la escuela, ¿vamos a divertirnos mientras hablamos un rato?

- Forma con tus compañeros dos grandes grupos. Cada uno de ellos se ubicará de un lado del aula.
- Cada grupo elige a un representante para contestar a las preguntas.
- Los dos representantes se levantan y se ponen delante del aula.
- El representante del grupo uno contesta a las preguntas de los estudiantes del grupo dos y viceversa.
- Un estudiante del grupo uno le hace una pregunta al representante del grupo dos. Un estudiante del grupo dos le hace una pregunta al representante del grupo uno, así sucesivamente hasta que todos hayan hecho alguna pregunta.
- Las preguntas deben referirse siempre al universo de la escuela, por ejemplo:
- ¿Cómo se dice *borracha* en español?
- ¿Cómo se dice **goma** en portugués?
- El grupo cuyo representante haya acertado más palabras es el vencedor.

CÓMO SE USA

1 Observa en el cómic las palabras destacadas:

ALEJANDRO OCHOA/ACERVO DO ARTISTA

Alejandro Ochoa, *Escuincles 2*, México, Ediciones B, 2004.

a ¿Te parecen femeninas o masculinas las palabras destacadas? ¿Por qué?

Las dos

b ¿Están en singular o en plural? ¿Por qué?

Los dos

2 Observa los ejemplos en la tabla. Después, escribe los artículos delante de las palabras:

Artículos		
	Determinados	**Indeterminados**
Singular	*el alumno*	*un libro*
	la alumna	*una carpeta*
Plural	*los profesores*	*unos libros*
	las profesoras	*una carpeta*

la mochila > una mochila

a Los bolígrafos > unos bolígrafos

b el lápiz > un lápiz

c el sacapuntas > un sacapuntas

d los libros > unos libros

e la cartuchera > unas cartucheras

f Las hojas de papel > Unas hojas de papel

g Los lápices de colores > unos lápices de colores

h Las agendas > Unas agendas

3 Ahora observa en este otro cómic que, además del artículo **la**, se utiliza también el artículo **un**. Discute con tus compañeros y contesta oralmente:

Jim Davis, *Garfield*, 2 de marzo de 2001. Extraída de <www.garfield.com>. Acceso el 24 de noviembre de 2011.

a ¿Por qué el personaje dice "la oreja" y no "una oreja"?

b ¿Y por qué dice "un insecto" y no "el insecto"?

4 Lee el texto y rellena los huecos con los artículos determinados o indeterminados, según convenga:

Discriminación en ______ escuela

Muchas veces, en ______ escuela se discrimina a ______ chico porque tiene alguna diferencia con ______ resto: es pecoso o pelirrojo, muy alto o muy bajito, tiene ______ nariz grande o dientes de conejo.

Todos se ríen, están acostumbrados y parece normal. Por ejemplo, parece normal que ______ gordito, si quiere jugar al fútbol, tenga que llevar ______ pelota. ¿Y por qué? Porque siempre fue así. En ese "siempre fue así" está ______ trampa, hace que ______ acto discriminatorio parezca razonable y sensato.

Leer más, 5, Buenos Aires, Estrada, 1999.

Y tú, ¿alguna vez has presenciado alguna situación como la que se presenta en el texto?

5 Mira la tabla y luego completa las frases con **al** o **del**:

a + el > al
de + el > del

a Vengo ______ cine y voy ______ teatro.

b Todos los días voy ______ cole en coche y vuelvo a pie.

c Mi hermano y yo volvemos ______ gimnasio en autobús.

d ¿Seguro que mañana ya es el día ______ examen?

e Nos gusta jugar ______ fútbol y ______ balonmano.

6 Rellena los espacios del poema de Juan Ramón Jiménez con la forma adecuada. Después, contesta a las preguntas que están a continuación.

Juego

El chamariz en el chopo.
— ¿Y qué más?
_____ chopo _____ cielo azul.
— ¿Y qué más?
_____ cielo azul _____ agua.
— ¿Y qué más?
_____ agua _____ hojita nueva.
— ¿Y qué más?
_____ hojita nueva _____ rosa.
— ¿Y qué más?
_____ rosa en mi corazón.
— ¿Y qué más?
¡Mi corazón _____ tuyo!

Juan Ramón Jiménez, en Arturo Medina, *El silbo del aire*; Antología lírica infantil, Barcelona, Vicens-Vives, 1965.

*A excepción de las contracciones **al** y **del**, en español artículos y preposiciones se escriben separado.*

de + el	del
de + la	de la
de + las	de las
de + los	de los
a + el	el
a + la	a la
a + las	a las
a + los	a los
en + el	en el
en + la	en la
en + los	en los
en + las	en las

a ¿De qué trata el poema?

b ¿Qué tienen en común las palabras **chamariz**, **chopo**, **cielo**, **agua**, **hojita**, **rosa**?

7 Utiliza un elemento de cada columna y escribe frases:

busqué las palabras	*en la*	*izquierda del aula*
la clase empieza	*en el*	*primer piso*
mi aula está	*a las*	*diccionarios*
el libro está	*en los*	*estantería*
el lavabo está	*a la*	*ocho de la mañana*

8 Completa con el verbo adecuado y relaciona preguntas y respuestas:

a Y vosotros, ¿qué ____________?
b ¿Qué ____________ tus hermanas?
c Y tus hermanos, ¿qué ____________?
d ¿Qué ____________ la profesora?
e Y tú, ¿qué ____________ los viernes por la noche?

☐ Mis hermanos ____________ al fútbol.
☐ ____________ gimnasia y natación.
☐ La profesora ________ una película en el cine.
☐ ____________ por teléfono con nuestros amigos de Lima.
☐ Mis hermanas ____________ inglés.

Presente de indicativo

Charlar	Jugar	Ver	Hacer
charlo	*juego*	*veo*	*hago*
charlas *charlás*	*juegas* *jugás*	*ves*	*haces* *hacés*
charla	*juega*	*ve*	*hace*
charlamos	*jugamos*	*vemos*	*hacemos*
charláis	*jugáis*	*veis*	*hacéis*
charlan	*juegan*	*ven*	*hacen*

9 ¿Qué hacen estas personas?

JEFF CADGE/GETTY IMAGES
Juan y Pablo

a ____________

TY ALLISON/GETTY IMAGES
Rafael y tú

c ____________

OLIVIER RIBARDIERE/GETTY IMAGES
Elena y sus amigos

b ____________

FOTOKOSTIC/SHUTTERSTOCK/GLOW IMAGES
Mis amigos y yo

d ____________

ALGO MÁS

1 En la sopa de letras están escondidos los meses del año. Intenta encontrarlos y después completa las palabras con las letras que faltan:

A	R	B	U	I	E	R	Y	U	Ñ	C	H	E	I	V	O	N	M
O	I	N	U	J	R	N	E	T	D	I	C	I	E	M	B	R	E
D	N	M	E	W	A	L	N	K	E	Q	U	O	T	U	D	A	P
C	G	I	V	O	E	R	E	F	E	W	V	A	C	I	S	U	K
B	J	N	M	A	R	E	R	G	U	M	F	E	B	R	E	R	O
V	E	R	A	N	B	C	O	T	U	B	E	A	Y	O	P	J	A
O	T	O	Y	I	U	N	V	E	O	K	R	A	E	R	T	R	A
V	A	G	O	S	T	O	E	R	I	A	T	E	O	N	I	B	R
K	E	R	T	A	C	A	M	E	L	I	R	B	A	Ñ	E	M	B
M	A	S	I	E	O	E	A	A	U	S	I	G	L	E	M	E	R
T	E	N	E	N	R	E	R	A	J	P	U	V	S	R	B	O	D
L	I	V	A	R	R	A	Z	O	N	E	L	E	T	A	R	C	A
E	R	B	M	E	I	V	O	N	F	A	R	O	E	R	E	S	O

E _ E _ _	M _ Y _	S _ P _ _ _ _ _ _ E
F _ _ _ _ _ _	J _ _ _ O	_ C _ _ _ _ E
M _ _ Z _	J _ L _ _	N _ _ _ EM _ _ _
A _ _ _ _	A _ _ _ _ _	_ I _ I _ _ BR _

2 ¿Qué días de la semana tienes clase de Español?

3 ¿Qué estación del año te gusta más: la primavera, el verano, el otoño o el invierno? Lee este poema del uruguayo Mario Benedetti y escribe también uno sobre tu favorita:

invierno invierno
el invierno me gusta
si hace calor

Mario Benedetti, *Rincón de haikus*, Buenos Aires, Seix Barral, 1999.

4 Lee el poema de la escritora española Gloria Fuertes y contesta a las preguntas:

Canción de la Vacación

Cuando sea mayor, o muy mayor,
no olvidaré esta canción
de la Vacación.
¡Qué bien juego en el verano
con mi hermana, con mi hermano!
Bajo el sol y sin abrigo,
con mi amiga, con mi amigo.
Con la pelota de goma
¡Chuto! ¡Toma!
Con pelota de raqueta
con el verso de poeta
llegaremos a la meta.
Cantando la canción
de la Vacación.

SIMONE MATIAS/ARQUIVO DA EDITORA

Extraído de <www.uhu.es>. Acceso el 17 de noviembre de 2011.

a ¿En qué meses del año suelen ser las vacaciones en Brasil?

b Y ¿en qué estaciones?

Lee y reacciona

1 En la escuela aprendemos Portugués, Matemáticas, Español, Historia, etc. y también aprendemos a reflexionar sobre el mundo en que vivimos, las relaciones sociales, los derechos humanos, ¿verdad? Lee el texto:

Los derechos humanos

ARTÍCULO 2 — *Todo ser humano, cualquiera que sea su raza, color, nacionalidad, sexo, creencias políticas o de otra especie, sin importar cuánto dinero o propiedades tenga, la autoridad de su gobierno nacional o las políticas que este aplique, está sujeto a los mismos derechos.*

¿Qué quiere decir discriminar?

Separar, considerar menos al otro, sólo porque es diferente, de otro color, de otra nacionalidad, de otro sexo, de otra estatura, de otro nivel económico...

- ***El racismo***. Ser racista es pensar que hay razas superiores y razas inferiores. Esto no es verdad y sostenerlo ha conducido a horribles guerras y conflictos en la historia de la humanidad. Si todos los seres humanos somos iguales, también son iguales nuestros derechos.
- ***El nacionalismo***. Una cosa es querer y defender el territorio donde nacimos y otra, muy diferente, suponer que se puede discriminar a alguien por la sencilla razón de que ha nacido en un sitio diferente.
- ***El machismo***. Es suponer que la mujer no tiene los mismos derechos que el hombre. Todos formamos parte de una misma especie: la de los seres humanos. Por eso hombres y mujeres compartimos los mismos derechos.

Adaptado de *Disney explora*, 4, Paraguay, s/f.

2 ¿A quién está dirigida la Declaración de los Derechos Humanos?

- [ ] A las mujeres de un país.
- [ ] A los hombres de un país.
- [ ] A los gobernantes de un país.
- [ ] A todos los seres humanos.
- [ ] A los niños y niñas.

3 ¿Quiénes pueden ser los autores de la Declaración de los Derechos Humanos?

- [ ] Poetas.
- [ ] Periodistas.
- [ ] Representantes de los Estados y la ONU (Organización de las Naciones Unidas).
- [ ] Abogados.
- [ ] Diputados.

4 En ese fragmento de la Declaración, la palabra **artículo** sirve para:

☐ mostrar si una palabra es femenina o masculina.

☐ tratar de cada uno de los puntos de una ley o reglamento.

☐ referirse a un producto comprado.

5 Invita a un/a compañero/a a que piense y escriba contigo diez derechos que deben tener todos los niños del mundo. Observa el ejemplo:

Artículo 1 – Todos los niños tienen derecho a un nombre.

Para charlar

- Con tus compañeros lee el texto a continuación:

Las Naciones Unidas (ONU) son una organización internacional fundada en 1945 tras la Segunda Guerra Mundial por 51 países que se comprometieron a mantener la paz y la seguridad internacionales, fomentar entre las naciones relaciones de amistad y promover el progreso social, la mejora del nivel de vida y los derechos humanos.

Extraído de <www.un.org/es/aboutun>. Acceso el 17 de junio de 2011.

- ¿Cuál es la finalidad de la Declaración de los Derechos Humanos?
- ¿Consigues dar algún ejemplo de violación de los derechos humanos?

GALVÃO/ARQUIVO DA EDITORA

REPASO CONTENIDOS DE LAS UNIDADES 3 Y 4

1 Mira las imágenes y di a qué se dedican estas personas:

ILUSTRAÇÕES: GALVÃO/ARQUIVO DA EDITORA

a Ramón es ______________.

c Alicia Elena es ______________.

b Pablo es ______________.

d José es ______________.

2 Completa los huecos:

a El hijo de mi tía es mi ______________.

b El ______________ de mi abuela es suegro de mi madre.

c Las ______________ de mis padres son mis hermanas.

d El hermano de mi madre es ______________ de mi padre.

e Sus hijos son ______________ de sus padres.

f Mi padre es ______________ de los padres de mi madre.

g Vuestros hermanos son ______________ de vuestros hijos.

3 Observa la imagen y lee las informaciones. Después escribe cuatro frases comparativas:

Rosa María es mayor que Rita.
Rita es mas baja que Rosa María
Rita es mas delgada que Rosa María.

RUBBERBALL/ALAMY

Rosa María tiene 13 años, 49 kilos, 1,60m de altura y el pelo largo. Rita tiene 8 años, 26 kilos, 1,36m de altura y el pelo largo.

4 Utiliza un elemento de cada columna y escribe seis frases:

Lucía		*en paro*
tu hermana y tú	*trabajar*	*quince años recién cumplidos*
tú y yo	*tener*	*como periodistas*
(tú / vos)	*estar*	*casados hace dos semanas*
(yo)		*tres hijos*
mis primos		*más de ocho horas por día*

Lucía trabaja más de ocho horas por día.
Mis primos tenen quince años recién cumplidos.
¿Tú estás en Paro?
Tú y yo trabajamos como periodista.
Tú estas casadas hace dos semanas
Yo tengo tres hijos.

5 Observa las imágenes y completa las frases con **charlar**, **jugar**, **ver** y **hacer**:

a Las niñas ________ a la rayuela.

TOM STEWART/CORBIS/LATINSTOCK

c Mis padres ________ la tele.

RICK GOMEZ/CORBIS/LATINSTOCK

b Ana y yo ________ los deberes.

KISELEV ANDREY VALEREVICH /SHUTTERSTOCK/GLOW IMAGES

d Clara ________ con el abuelo.

HUMMER/GETTY IMAGES

6 ¿En qué mes ocurren estas fiestas?

a La Navidad se celebra en ________.

b El Carnaval se festeja en ________ o ________.

c Las fiestas de San Juan ocurren en ________.

d La Pascua se celebra unas veces en ________ y otras en ________.

e La Independencia de Brasil se celebra en ________.

7 Entrevista a un/a compañero/a y completa la agenda con las actividades que tiene cada día.

8 Lee el poema y señala la estación que le corresponde:

La otra tarde se ha llevado
El viento más hojas secas.
¡Qué pena tendrán los árboles
Esta noche sin estrellas!

Parece que están soñando
Con sus pobres hojas secas;
Yo les digo: ¡no lloréis!,
Ya vendrán las hojas nuevas.

Juan Ramón Jiménez, *Niños*, Madrid, Ediciones de la Torre, 1999.

- [ ] VERANO
- [x] OTOÑO
- [ ] INVIERNO
- [ ] PRIMAVERA

¿Cómo te evalúas?	Siempre	A veces	Nunca
Hago las tareas			
Cumplo los plazos			
Participo en las clases			
Coopero con el grupo			

UNIDAD 5

Así se dice

YELENA RODRIGUEZ/ALAMY/OTHER IMAGES

▸ PISTA 15 **Escucha y lee lo que dicen estos chicos sobre sus hábitos alimenticios.**

▼

Marca los alimentos que sueles comer:

- verduras
- hamburguesas
- frutas
- pastas
- quesos y yogures
- legumbres

▼

¿Consideras sanos tus hábitos alimenticios?

Por la mañana siempre desayuno con mis hermanos. Bebo un vaso de leche caliente con chocolate en polvo y como dos rebanadas de pan con queso.

Susana

A la mesa

A las doce, después de volver de la escuela, como verdura cocida, algo de ensalada y carne. Pero lo que más me gusta de la comida son los postres: flan, helado de fresa, arroz con leche o manzana asada...

Rita

En la merienda como fruta: papaya, melón, manzana, plátano... También me gusta el yogur con cereales.

Pedro

Todas las noches ceno con mi familia. A menudo tomamos una sopa de pescado estupenda que hace mi madre y después tortilla y pan. Pero a veces comemos hamburguesas con patatas fritas.

Carlos

Así lo dices

1 **¿Te acuerdas qué dijeron los chicos sobre sus hábitos alimenticios? A ver, haz las correcciones y reescribe las frases:**

a Susana siempre desayuna con sus abuelos.

____

b En la merienda Pedro come pan con mantequilla.

____

c Después de volver de la escuela Rita come verdura cruda y sopa.

____

2 **Ahora contesta a las preguntas:**

a ¿Qué desayuna Susana?

____

b ¿Y qué más le gusta comer a Rita?

____

c ¿Qué es lo que comen en la cena Carlos y su familia?

____

3 **Y tú, ¿qué sueles desayunar? Escríbelo.**

____

____

____

____

____

4 Busca en este mercado:

1 manzanas rojas
2 plátanos
3 coliflores
4 cebollas
5 piñas
6 zanahorias
7 naranjas
8 berenjenas
9 papayas
10 manzanas verdes
11 mazorcas de maíz
12 melones
13 patatas
14 sandías
15 aguacates

JEFFERSON COSTA/ARQUIVO DA EDITORA

5 Observa las imágenes y completa las frases con las expresiones adecuadas:

doscientos gramos   una docena   una botella   una barra   un paquete   un tarro

BITT24/SHUTTERSTOCK/GLOW IMAGES

a uno botello de aceite.

MARYLOOO/SHUTTERSTOCK/GLOW IMAGES

c una barra de pan.

ELNUR/SHUTTERSTOCK/GLOW IMAGES

e un tarro de aceitunas.

MIRRORMERE/SHUTTERSTOCK/GLOW IMAGES

b una docena de huevos.

EDUARDO SANTALIESTRA/ARQUIVO DA EDITORA

d doscientos gramos de jamón york.

ELENA SCHWEITZER/SHUTTERSTOCK/GLOW IMAGES

f un paquete de mantequilla.

6 Lee esta viñeta:

JOAQUÍN SALVADOR LAVADO (QUINO)/ACERVO DO ARTISTA

Quino, *Toda Mafalda*, Ediciones de la Flor, Buenos Aires, 2000.

7 Ahora utiliza tu imaginación y escribe los posibles ingredientes de la **sopa de pescado**.

Un pez, una zanahoria, uno cebolla, uno patata, y coliflor.

Charla

1 ▸ PISTA 16 Escucha el diálogo y di dónde pasa la situación:

a [ ] en un bar;

b [x] en un mercado;

c [x] en un restaurante.

2 ▸ PISTA 16 Escucha otra vez la grabación, verifica si el camarero apuntó correctamente el pedido y subraya los equívocos.

ARQUIVO DA EDITORA

CONSUMICIÓN	**Nº** 031
Nombre: Alonso	Mesa: 4

Cantidad	Descripción
1	ensalada de lechuga, espinacas y tomate, sin aceite
2	filetes de ternera con patatas fritas
1	ensaladilla rusa
1	lenguado con pepinos
1	gaseosa con hielo
1	botella de agua con gas
1	tapa de boquerones y queso

3 Escucha una vez más y reescribe el pedido correctamente:

ARQUIVO DA EDITORA

CONSUMICIÓN	**Nº** 031
Nombre: Alonso	Mesa: 4

Cantidad	Descripción
1	ensalada de lechuga, espinacas y tomate, con aceite
1	filetes de ternera con patatas asados
1	ensaladilla rusa
1	lenguado con pepinos
1	gaseosa sin hielo
1	botella de agua sin gas
1	tapa de boquerones y aceitunas.

4 Charla con un/a compañero/a sobre sus hábitos alimenticios y enseguida escribe un pequeño texto contando cuáles son esos hábitos:

¿Con qué frecuencia comes... bebes... tomas...?

1 siempre | 2 a menudo | 3 a veces | 4 nunca

SYMBIOT/SHUTTERSTOCK/GLOW IMAGES

leche

ELENA BLOKHINA/SHUTTERSTOCK/GLOW IMAGES

queso

CLAUDIO PINHEIRO/ARQUIVO DA EDITORA

pescado

NITO/SHUTTERSTOCK/GLOW IMAGES

verduras

SVEN SCHERMER/SHUTTERSTOCK/GLOW IMAGES

cereales

JOSH RESNICK/SHUTTERSTOCK/GLOW IMAGES

carne

DUSAN ZIDAR/SHUTTERSTOCK/GLOW IMAGES

pasta

EDUARDO SANTALIESTRA/ARQUIVO DA EDITORA

gaseosa

SHEILA OLIVEIRA/ARQUIVO DA EDITORA

legumbres

AFRICA STUDIO/SHUTTERSTOCK/GLOW IMAGES

fruta

FRANNYANNE/SHUTTERSTOCK/GLOW IMAGES

zumo de naranja

HANNAMARIAH/SHUTTERSTOCK/GLOW IMAGES

hamburguesa

NEVESHKIN NIKOLAY/SHUTTERSTOCK/GLOW IMAGES

pollo

CROLIQUE/SHUTTERSTOCK/GLOW IMAGES

chocolate

FABIO CASTELO/ARQUIVO DA EDITORA

patatas fritas

KALIM/SHUTTERSTOCK/GLOW IMAGES

tortilla

CÓMO SE USA

1 Lee la historieta y contesta oralmente a las preguntas:

JOAQUÍN SALVADOR LAVADO (QUINO)/ ACERVO DO ARTISTA

Quino, *Toda Mafalda*, Buenos Aires, Ediciones de la Flor, 2000.

a ¿Dónde está Mafalda?

b ¿Qué está haciendo Mafalda?

c ¿Por qué al final dice “qué manga de ingenuos”?

2 Lee la explicación que está en el cuadro y separa la raíz de los verbos que están a continuación:

a beber ______

b desayunar ______

c vivir ______

Para saber cuál es la raíz del verbo, basta con quitar las terminaciones ***-ar****, * ***-er*** *o* ***-ir*** *de los verbos en infinitivo. Observa:*

Verbo	Terminación	Raíz
*cen**ar***	***ar***	*cen*
*com**er***	***er***	*com*
*part**ir***	***ir***	*part*

3 Ahora mira en la tabla la conjugación de algunos verbos regulares en presente. Después, escribe frases:

Verbos regulares son aquellos que ***no*** *sufren modificación en la raíz cuando son conjugados. Observa las terminaciones:*

Presente de indicativo		
Cenar	**Comer**	**Partir**
*cen**o***	*com**o***	*part**o***
*cen**as** / cen**ás***	*com**es** / com**és***	*part**es** / part**ís***
*cen**a***	*com**e***	*part**e***
*cen**amos***	*com**emos***	*part**imos***
*cen**áis***	*com**éis***	*part**ís***
*cen**an***	*com**en***	*part**en***

a beber Yo bebo gaseosa

b cantar Yo no canto muy bien

c vivir Yo vivo muy feliz

d desayunar Yo desayuno a las 6:30 de la mañana.

4 Forma frases con las informaciones que te damos:

a (yo) / **beber** gaseosa

Yo bebo gaseosa

b el niño / **pelar** las patatas muy deprisa

El pela las patatas muy deprisa

c (nosotros) / **lavar** la verdura con agua y vinagre

Nosotros lavamos la verdura con agua y vinagre

d (tú / vos) / **cocinar** bien

Tú cocinas bien / vos cocinás bien.

e Isabel y yo / **comprar** helados de fresa y chocolate

Isabel y yo compramos helados de fresa y chocolate.

5 Completa los huecos con el verbo **comer** en presente de indicativo. Después relaciona los dichos a los significados que te damos a continuación:

a Esta mujer come a dos carrillos. Se nota que tiene hambre atrasada.

b Estos niños, para lo pequeños que son, comen como una lima.

c Estos dos comen del mismo plato, a los dos les gusta lo mismo.

[a] Comer con avidez.

[c] Estar muy de acuerdo con alguien.

[b] Comer mucho.

6 Utiliza las expresiones entre paréntesis y contesta a las preguntas:

a ¿Qué haces por la mañana? (desayunar y estudiar francés)

Yo desayuno y estudio francés

b ¿Y qué hace el padre de Juan de lunes a viernes? (trabajar en una oficina)

Lo padre Juan trabaja en uno oficino

c ¿Y qué hacen Juliana y María los viernes por la noche? (bailar y cantar)

Ellas bailan y cantan.

d ¿Y qué hacéis vosotros por la tarde? (jugar a la pelota)

Juegamos a la pelota

7 Lee esta curiosidad y conjuga los verbos regulares en presente de indicativo:

FOTOS: EDUARDO SANTALIESTRA/ARQUIVO DA EDITORA

¿Por qué el hervor ablando **(ablandar) las patatas y endurece los huevos?**

Cuando el agua hierve, los granitos de almidón que forman (formar) la patata dejo (dejar) pasar el agua a través de su cubierta. Cuando el agua lleno (llenar) esos granos, los hace reventar y así es como la patata se ablando (ablandar). El huevo, en cambio, tiene una sustancia llamada albúmina, que está formada por proteínas. Como el calor del agua hace que la albúmina coagule, el huevo se endurece.

Adaptado de Mercedes P. Zabaleta, *El libro de las respuestas a todos los ¿por qué?*, Buenos Aires, Imaginador, 2002.

ALGO MÁS

1 ▸ PISTA 17 Uno de los rasgos más importantes de una cultura es la alimentación. Escucha esta versión de una leyenda mexicana sobre el maíz y pon atención en las palabras destacadas:

La leyenda del maíz

Los indios aztecas adoraban al dios Quetzalcóatl, nombre que **significa** "Serpiente Emplumada".

Dicen que antes de la **llegada** de ese dios, los aztecas no tenían maíz y sólo comían raíces y animales que cazaban.

– El maíz está escondido detrás de esas montañas. Los **antiguos** dioses intentaron separar las montañas con su colosal fuerza, pero no lo **lograron** – le contaron los indios a Quetzalcóatl.

– Yo se los traeré – les prometió.

El poderoso dios no empleó la fuerza, sino la astucia. Se transformó en una **hormiga negra** y, con la ayuda de una **hormiga roja**, marchó a las montañas.

Fue difícil el camino y fueron **grandes** los esfuerzos, pero Quetzalcóatl sentía tanto amor por su pueblo que no se **dejó** vencer por el cansancio.

Al **llegar** donde estaba el maíz **cogió** un grano maduro en sus fuertes mandíbulas y emprendió el **regreso**.

– Aquí está lo prometido.

Los aztecas plantaron la semilla del preciado **grano**, que aumentó sus riquezas. Desde entonces se volvieron más fuertes, construyeron ciudades, palacios, templos... Y vivieron felices.

Y por eso los aztecas veneraron al **generoso** Quetzalcóatl, el dios **amigo** de los hombres.

Adaptación de la versión de Ana María Luján. Extraída de <www.zunzun.cu>. Acceso el 18 de noviembre de 2011.

SIMONE MATIAS/ARQUIVO DA EDITORA

2 Es muy común que todos los pueblos tengan por lo menos una comida típica. Lee los ingredientes de las recetas de algunas comidas típicas y:

- haz un círculo en las palabras que tienen la **G** y/o la **J**;
- relaciónalas con las fotos.

a

Gazpacho andaluz, de España

2 kilos de tomates rojos maduros.
2 pimientos verdes, de los de freír.
2 dientes de ajo.
1 pepino pequeño.
1 vaso y 1/2 de los de agua, de aceite de oliva.
1/2 vaso de vinagre de vino.
sal.

Extraído de <www.recetasgratis.net>.
Acceso el 18 de noviembre de 2011.

ENVISION/CORBIS/LATINSTOCK

b

Moros y cristianos, de Cuba

180 gramos de frijoles negros.
200 gramos de arroz congrí.
1/2 pimiento verde picado.
3 cucharas de aceite.
1 trozo de carne magra.
2 cebollas.
1 chile guajillo rojo.
1 ramita de tomillo fresco.

Claudio V. López y Lourdes H. Fuentes,
Sabores de América y el Caribe, Clío, México, 2001.

ILDI PAPP/SHUTTERSTOCK/GLOW IMAGES

c

Cebiche, de Perú

1 kilo de pescado.
1/2 taza de jugo de limón.
1/2 taza de jugo de naranja.
1 cebolla morada.
1 pimiento rojo.
1 chile manzano.
2 elotes cocidos.
2 camotes cocidos.
1 diente de ajo picado.

Claudio V. López y Lourdes H. Fuentes,
Sabores de América y el Caribe, Clío, México, 2001.

CGISSEMANN/SHUTTERSTOCK/GLOW IMAGES

d

Guacamole, de México

4 aguacates.
1 cebolla.
1 tomate grande.
1/2 limón.
1 cuchara de aceite.
1 chile rojo.
sal a gusto.

Alex Atala, *Larousse da Cozinha do Mundo – Américas*, Larousse, São Paulo, 2005.

RACHEL GUEDES/ARQUIVO DA EDITORA

Lee y reacciona

1 ▸ PISTA 18 Escucha y lee este poema de la española Gloria Fuertes:

Niños de Somalia

Yo como
Tú comes
Él come
Nosotros comemos
Vosotros coméis
¡Ellos no!

Gloria Fuertes, *Mujer de verso en pecho*,
Madrid, Cátedra, 1999.

2 ¿Dónde fue publicado el poema?

- [ ] En un libro de poemas cuyo título es *Mujer de verso en pecho*, publicado en 1999.
- [ ] En una Catedral de Madrid.
- [ ] En un trabajo escolar de 1999.

3 ¿Qué relación hay entre el título del poema y su contenido?

- [ ] No hay ninguna relación porque trata de la conjugación del verbo **comer**.
- [ ] Hay una relación parcial, ya que el contenido no explica quiénes son los niños.
- [ ] Hay una relación directa, pues trata de un problema real que viven los niños de aquel país.

4 Lee una vez más el texto y haz una parodia. Cambia el verbo, pero mantén la estructura del texto y su sentido.

La parodia es la construcción de un texto a partir de otro ya conocido. Es una especie de "imitación" con un tono gracioso, irónico o crítico.

Para charlar

- ¿Qué sabes de Somalia? ¿Qué lugar es ese? ¿Dónde está ubicado?
- Haz una investigación sobre el país para comprender el contexto en que se basó la autora del poema que has leído. Puedes buscar informaciones en algunos atlas, enciclopedias o en internet. Después, discute el asunto con tus compañeros.

Producción escrita

En grupo, les toca producir un cartel contra el hambre.

Pero antes, relean el poema y reúnan los datos que han encontrado en la investigación sobre Somalia.

Recuerden que en un cartel las imágenes son muy importantes. Por eso, elijan con atención los materiales que van a usar (recortes de revistas, fotos sacadas de internet, lápices de colores, rotuladores, pegamento, etc.).

Una vez hecha la elección del material, piensen en un mensaje creativo e impactante, capaz de llevar a los lectores a reflexionar sobre el asunto.

Al final, organicen una muestra.

WWW.VIVENUTRITIVO.WORDPRESS.COM/ARQUIVO DA EDITORA

PROYECTO LIBRO DE RECETAS

BANCO DE IMAGENS/ARQUIVO DA EDITORA

Objetivo

Organizar un libro de recetas de las comidas típicas brasileñas en español.

¡Manos a la obra!

Materiales

> cuaderno
> bolígrafos de colores
> imágenes (recortes de revista o dibujos) de los platos elegidos
> diccionario bilingüe
> lápices de colores
> pegamento
> tijera

Paso a paso

1 Organiza los grupos

Como en Brasil hay una gran variedad de comidas típicas, se puede organizar el libro por regiones. Se distribuyen los alumnos en cinco grupos. A cada grupo le tocará una región del país: Norte, Sur, Nordeste, Centro-Oeste y Sudeste.

2 Investiga

Los equipos pueden investigar los platos típicos de cada región en internet y en libros de recetas.

3 Traduce los ingredientes

Después de elegir las recetas, empieza el trabajo de traducción con el diccionario bilingüe. Además de los nombres de los ingredientes, hay que traducir también las expresiones relativas a los pesos y a las medidas. ¿Te acuerdas de ellas?

1 kilo de   300 gramos de   3 cucharas de
1/2 vaso de   1/2 litro de

4 Describe la preparación de las comidas

Traduce la parte que enseña a preparar las comidas haciendo algunas adaptaciones: utiliza los verbos en infinitivo y haz frases cortas. Por ejemplo: Cortar los pimientos. Hervir el agua. Escaldar los pimientos...

5 Escribe la introducción y el sumario

Una vez hechas las traducciones, y después de las correcciones del profesor, se puede hacer una pequeña introducción para el libro, y también un sumario para facilitar la consulta.

6 Monta el libro

Ha llegado la hora de armar el libro: ordenar las recetas, ilustrarlas con recortes o dibujos, etc. En este momento, lo más importante es la imaginación para que el libro quede atractivo. Al fin y al cabo, ¡también se come con los ojos!
Cuando esté listo el libro, preséntaselo a los compañeros de los otros equipos y enséñales las recetas más sabrosas que haya investigado tu grupo.

SIMONE MATIAS/ARQUIVO DA EDITORA

UNIDAD 6

¿Cuáles son tus gustos? Relaciona:

1 Me gusta
2 No me gusta

leer cómics
jugar al fútbol
viajar
despertarme temprano
dibujar
jugar a los videojuegos
navegar en internet

Así se dice

▸ PISTA 19 **Juan y Elena se conocieron en internet. Lee los mensajes electrónicos que uno le escribió al otro.**

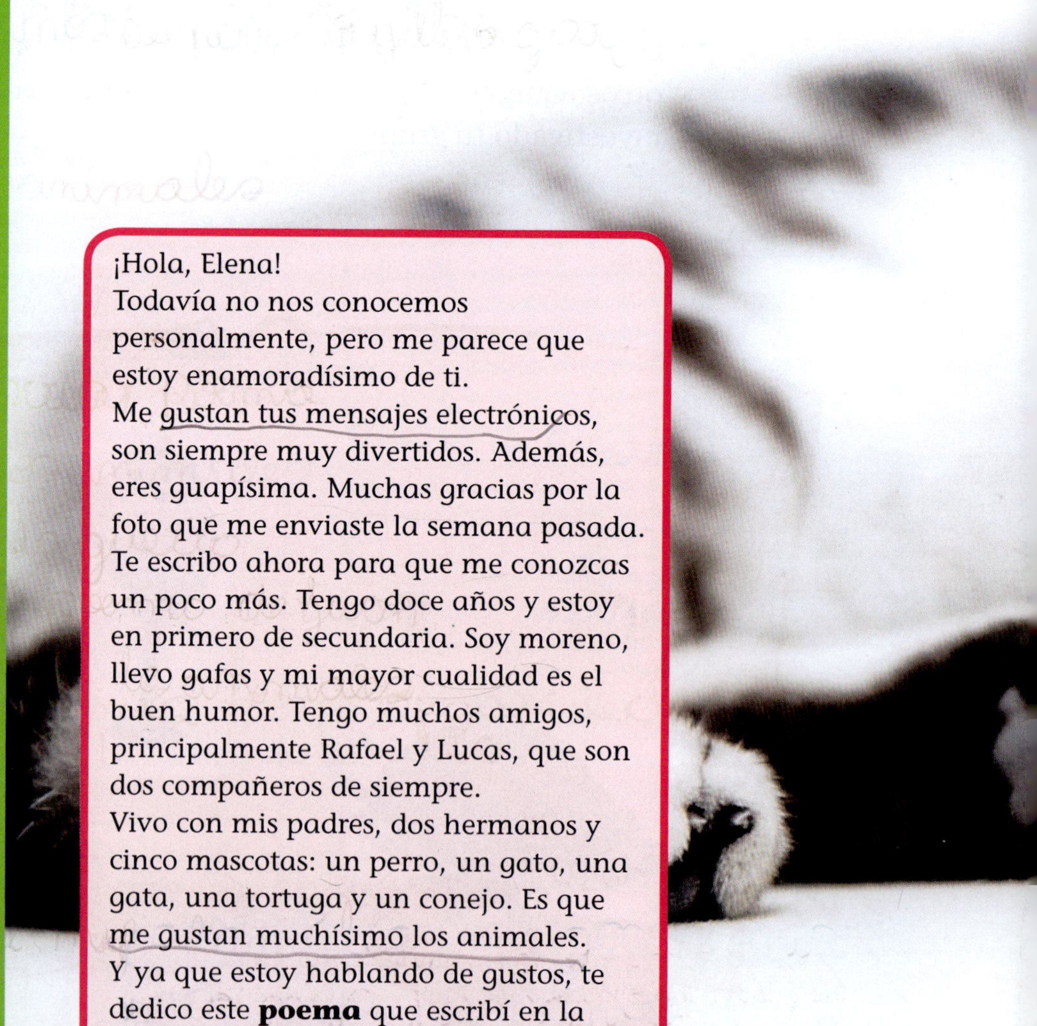
LITTLESAM/SHUTTERSTOCK/GLOW IMAGES

¡Hola, Elena!
Todavía no nos conocemos personalmente, pero me parece que estoy enamoradísimo de ti.
Me gustan tus mensajes electrónicos, son siempre muy divertidos. Además, eres guapísima. Muchas gracias por la foto que me enviaste la semana pasada.
Te escribo ahora para que me conozcas un poco más. Tengo doce años y estoy en primero de secundaria. Soy moreno, llevo gafas y mi mayor cualidad es el buen humor. Tengo muchos amigos, principalmente Rafael y Lucas, que son dos compañeros de siempre.
Vivo con mis padres, dos hermanos y cinco mascotas: un perro, un gato, una gata, una tortuga y un conejo. Es que me gustan muchísimo los animales.
Y ya que estoy hablando de gustos, te dedico este **poema** que escribí en la clase de redacción.
Un beso,
Juan

Me gustan los animales

Juan,
¿Por qué tengo la sensación de que te conozco hace mucho tiempo?
Tu poema me encantó. Has adivinado: ¡por encima de todo me gusta la poesía!
Me gustó también saber de tu vida. Así que te voy a contar un poco de la mía.
Vivo con mis abuelos, mis padres y tres hermanos. Somos una familia muy grande y a veces nos peleamos, pero en general nos llevamos muy bien.
A mí también me gustan mucho los animales. Tengo una gata, que se llama Flor.
Y ya que no sé escribir poemas como tú, te adjunto una foto de ella.
¡Mira lo preciosa que es!
Besitos,
Elena

Me gusta la gente, no me gusta la guerra.
Me gustan los animales, no me gusta la guerra.
Me gustan los árboles, no me gusta la guerra.
Me gusta el mar, no me gusta la guerra.
Me gusta la vida un montón, no me gusta la guerra.
¡Y no me gusta nada la guerra porque ME GUSTAS TÚ!

Así lo dices

1 Contesta a las preguntas:

a ¿Dónde se conocieron Juan y Elena?

Ellos se conocieron en la interneto

b ¿Por qué Juan está enamorado de Elena?

Juan está enamorado de Elena porque sus mensagens son divertidas

c ¿Cómo se describe Juan?

Elle ten once años es moreno y llevo gafas

d ¿Qué le gusta a Elena?

Le gusta los animales

2 Observa como expresan sus gustos Juan y Elena y completa las frases:

a A Juan **le gusta** escribir poema.

b A Juan **le gustan** los animales.

c A Juan no **le gusta** la guerra.

d A Elena **le gusta** el poema de Juan.

e A Elena también **le gustan** los animales.

3 Y a ti, ¿qué te gusta? ¿Serías capaz de imitar el poema de Juan y escribir sobre tus gustos?

Me gusta muy familia, me gosta mis amigos, me gusta mys hermanos.

4 Forma un grupo con dos compañeros y a ver qué equipo consigue encontrar más rápidamente todos estos animales:

cisne mono cocodrilo oso elefante pavo
camello jirafa tigre cebra león

JEFFERSON COSTA/ARQUIVO DA EDITORA

Charla

1 ▸ PISTA 20 **Escucha la grabación de un aviso publicitario que se difundió en una radio española y marca (V) verdadero o (F) falso para estas afirmaciones:**

a ☐ Se puede comprar un robogato en China.

b ☐ El robogato es ideal para los alérgicos.

c ☐ El minino maúlla y ronronea como los gatos de verdad.

CATHERINE ISHIHARA/ARQUIVO DA EDITORA

2 ▸ PISTA 20 **Escucha otra vez y contesta:**

a Según el aviso publicitario, ¿qué motivos pueden llevar a una persona a optar por un robogato?

____

____

b ¿Cómo el gato robot contesta a las llamadas de su dueño?

____

____

3 ▸ PISTA 20 **Escucha una vez más la grabación e identifica la palabra que es idéntica en español y en portugués, pero tiene la sílaba fuerte en lugar distinto.**

____

4 **Discute con tus compañeros: ¿Merece la pena sustituir una mascota de verdad por una virtual o robotizada?**

5 Después de leer el texto siguiente, di si estás de acuerdo con todo lo que dice. Marca **SÍ** o **NO** a cada afirmación y pídele además a un compañero su opinión:

Como elegir un perro

Para que los perros vivan felices con su nueva familia es necesario saber algunos detalles...

Los perros grandes necesitarán mucho espacio y caminar varias cuadras por día. En cambio, los chicos o medianos son ideales para departamentos.

Cada perro tiene ventajas y desventajas. El veterinario les informará cuáles son las características de cada raza.

Es mejor adoptar un cachorro cuando ya cumplió ocho semanas al lado de su mamá.

Los cachorros deben de ser educados por sus dueños. Los perros jóvenes o adultos ya están educados y son más independientes.

Pidan los certificados de vacunas y tratamientos médicos. Si es un cachorro que tiene *pedigree*, exijan los papeles correspondientes.

Los perros de pelo corto son más limpios. Si eligen de pelo largo tendrán que estar preparados para cepillarlos todos los días.

Disney explora, 4, Paraguay, s/f.

6 Lee el texto a continuación:

CHRISTIAN MUELLER/SHUTTERSTOCK/GLOW IMAGES

¿Por qué los perros entierran sus huesos?

En estado salvaje, los perros y los zorros tienen una tendencia natural a almacenar cualquier resto de comida. Un zorro rojo que mata a otro animal y no puede comérselo todo excava un hoyo y entierra el sobrante. Más tarde, cuando tiene hambre, va a buscarlo. La costumbre de los perros domésticos de enterrar sus huesos es un impulso natural heredado de sus antepasados.

El gran libro de preguntas y respuestas, México, Larousse, 1999.

a Marca con una **X** las afirmaciones correctas:

- [ ] Los perros y los zorros almacenan restos de comida.
- [ ] El zorro rojo mata a otro animal y se lo come todo de una vez.
- [X] Los perros y los zorros hacen hoyos para enterrar sus huesos.
- [ ] Los perros y los zorros son animales domésticos que tienen la costumbre de enterrar sus huesos.

b ¿Te parece que los humanos tenemos algún impulso natural heredado de nuestros antepasados? Charla con un/a compañero/a sobre esa cuestión y escribe un pequeño texto con tus conclusiones.

Sy, nós tiemos com augar o leche

CÓMO SE USA

1 Lee el cómic y di qué le gusta a Jon:

Jim Davis, *Garfield vive al límite*, Buenos Aires, Lumen, 2004.

2 Observa en el cuadro el uso del verbo **gustar** y completa las frases:

a Me ______ los caballos.

b Me ______ cuidar los animales.

c No me ______ nada la guerra.

d Me ______ más los gatos que los perros.

Uso del verbo *gustar*
Singular: antes de singular y de infinitivo
*Me **gusta** la lechuga.*
*Le **gusta** la lluvia.*
*Me **gusta** escribir poesías.*
*Os **gusta** oír música moderna.*
Plural: antes de plural
*Me **gustan** los animales.*
*¿Te **gustan** las flores blancas?*

3 Ahora mira en el cuadro que está abajo cómo la estructura de una frase en español con el verbo **gustar** es distinta del portugués. Luego, completa las frases con los pronombres **me**, **te**, **le**, **nos**, **os**, **les**.

a A nosotros ______ gustan los ordenadores.

b ¿A vosotros ______ gustan las canciones clásicas o las populares?

c A María y a Patricia ______ gustan las comidas típicas de México.

d A nadie ______ gusta la violencia.

e A mí ______ gusta mucho la poesía. Y a ti, ¿ ______ gusta?

A mí		me		palabra en singular o infinitivo
A ti/vos		te		
A él/ella/ud.	*[no]*	le	gusta	
A nosotros/as		nos	gustan	palabra en plural
A vosotros/as		os		
A ellos/as/uds.		les		

4 Completa las frases con la expresión adecuada:

les gusta **le gusta** **no les gusta** **les gustan**

a

JARNO GONZALEZ ZARRAONANDIA/ SHUTTERSTOCK/GLOW IMAGES

A la tortuga le gusta caminar despacio.

c

PHOTOFRIDAY/SHUTTERSTOCK/ GLOW IMAGES

A las gallinas les gustan los gusanos.

b

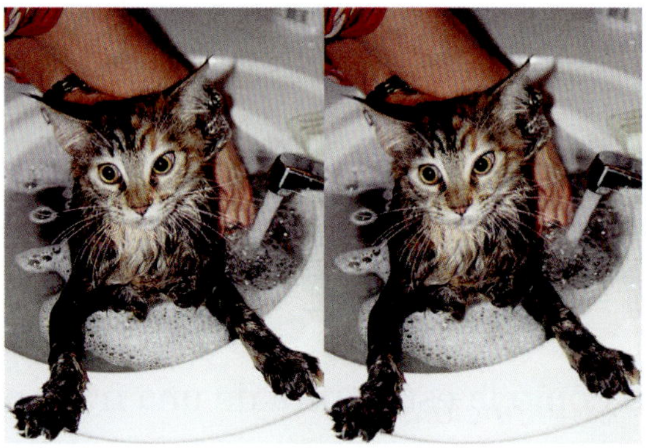

TOMMY FLYNN/WIDE IMAGES

A los gatos no le gusta el baño.

d

GUSEV MIKHAIL EVGENIEVICH/SHUTTERSTOCK/ GLOW IMAGES

A los monos a le gusta el plátano.

5 Completa la tabla:

▼
En las unidades anteriores estudiaste la conjugación de los verbos regulares y de algunos verbos irregulares en presente de indicativo. Ahora vamos a presentarte algunos **verbos que son irregulares sólo en la primera persona del singular**.

Saber	Conocer	Poner
sé	conozco	pongo
sabes / sabés	cozes	pones / ponés
Saber	conoce	ponemos
sabemos	conocemos	poneis
sabéis	conocéis	ponen
Sabem	conocen	ponés

6 Escribe frases con los verbos irregulares que ya has estudiado. Utiliza un elemento de cada columna y haz las modificaciones necesarias:

(Yo)	*saber*	*frío*
(Tú / Vos)	*conocer*	*contentos*
Sonia	*poner*	*la historia*
Jorge y yo	*ser*	*al fútbol*
Tú y tu hermano	*tener*	*otros países*
Pablo y Carlos	*estar*	*los libros en la estantería*
Nicolás	*jugar*	*una persona tranquila*

____

____

____

____

7 Completa los espacios con **mucho**, **mucha**, **muchos**, **muchas**:

a Los leones comen ______ carne.

b No hay ______ peces en este río.

c ______ mariposas viven aquí.

d Las cebras no comen ______.

e En Brasil hay ______ animales en extinción.

f A ______ gente no le gustan los ratones.

g Damián tiene ______ conejos en su casa.

8 Lee las explicaciones del cuadro y completa las frases con **muy** o **mucho**:

a No le gusta ______ bailar.

b Los animales están ______ asustados.

c Estás ______ cansado.

d (Ellos) Tienen ______ sueño.

e Estos niños son ______ traviesos.

Uso de *muy* y *mucho*

Mucho	**Muy**
antes de sustantivo	**antes de adjetivo**
*María tiene **muchos** libros.*	*Estamos **muy** contentos.*
después de verbo	**antes de adverbio**
*Él trabaja **mucho**.*	*Estamos **muy** bien.*

ALGO MÁS

1 ▸ PISTA 21 Escucha las adivinanzas y busca las respuestas en la sopa de letras:

a

En rincones y entre ramas,
mis redes voy construyendo,
para que moscas incautas,
en ellas vayan cayendo.
¿Quién soy?

____

b

Mi nariz está adornada
con un cuerno solamente,
llevo una gruesa armadura
y asusto hasta al más valiente.
¿Quién soy?

____

N	L	J	R	Ñ	E	T	D	A	C	I	E	N	R	B
M	E	W	A	L	N	P	E	Q	U	O	T	U	A	A
I	V	Q	C	R	V	F	E	W	V	A	B	I	N	U
N	M	A	A	E	R	G	U	M	F	E	Ñ	R	A	R
R	A	N	N	C	A	T	U	B	E	C	Y	O	S	J
Z	Y	I	A	N	V	E	O	K	A	A	E	R	T	R
G	B	S	R	I	N	O	C	E	R	O	N	T	E	B
R	T	A	I	A	M	E	V	I	A	J	A	Q	I	M
S	I	E	O	E	H	A	U	S	Ñ	G	L	E	N	E
N	E	N	R	F	R	A	B	P	A	V	S	R	P	O
V	A	R	E	A	Z	O	Ñ	E	L	E	T	A	R	C
B	M	U	I	V	O	N	F	A	R	K	E	R	I	S
P	E	R	R	O	E	R	I	A	T	E	O	N	I	B

c

En la ciudad
o en el campo
es un amigo del hombre.
¡Adivina este animal
sin que te diga su nombre!

____

d

Siempre canta en nuestra casa,
con ropaje amarillo,
y con su canto alegra
a toditos los vecinos.
¿Quién es?

____

e

De colores verderones,
ojos grandes y saltones,
tenemos las patas de atrás
muy largas para saltar.
¿Quiénes somos?

____

Mis primeras adivinanzas, trabalenguas y chistes, México, Libsa, 2005.

2 Ahora pon en orden alfabético los nombres de los animales que has encontrado y léelos en voz alta lo más rápido posible:

____

3 Observa los dibujos. Utiliza las expresiones y forma frases para describir cómo se siente cada uno de los personajes:

		sed / hambre / calor / frío / sueño / miedo
tiene / tienen	*mucho / mucha*	*cansado/a/s / nervioso/a/s / enfermo/a/s / triste/s /*
está / están	*muy*	*contento/a/s / preocupado/a/s / enfadado/a/s / aburrido/a/s /*
le duele / les duele	*mucho*	*tranquilo/a/s*
le duelen / les duelen	*mucho*	*la cabeza / el cuello / el dedo / la barriga / la garganta*
		las piernas / las manos / las muelas / los ojos

a

El gato tiene mucho miedo

b

Al mono le duele mucho el dedo

c

El hipopótamo tiene mucho calor

d

Los perros estan muy tristes

e

Los leones estan muy cansados

f

Los osos estan muy enfermos

g

La gallina está muy nerviosa

h

A los toros les duelen mucho la cabeza

i

La tortuga está muy tranquila

ILUSTRAÇÕES: GALVÃO/ARQUIVO DA EDITORA

Lee y reacciona

1 Lee la fábula y completa los huecos con las palabras del cuadro:

cazar	pequeño	pardo	chiquitos	altas
maldad	profundamente	pozo	miedo	vergonzoso

El león y el ratón

En una región de ______________ montañas vivía un león ______________. Tenía su cueva bien adentro de una fría montaña. Esa cueva era como una abrigada cabaña, en la que varios ratones se refugiaban y le hacían compañía.

Pero un día se metieron tantos ratones y armaron tal ruido que terminaron por despertar al león, que dormía ______________ su siesta. Este, furioso, cazó a uno de un zarpazo y lo quiso matar en el acto. Entonces el ratón, lleno de ______________, comenzó a decir:

"Señor, no me mate, que yo soy tan ______________ que se va a quedar con hambre. ¿Qué valor tiene para el león, el rey de la selva, el noble, el poderoso, matar a un ratoncito pobre y rotoso? Además, no es un gran triunfo, ni nada hermoso, porque para usted vencer a un ratón es más bien algo ______________. Vencer a un igual no está mal, pero hacerlo con alguien tan pequeño y desvalido como yo es pura ______________."

El león, después de escucharlo, quedó maravillado por las razones que el ratoncito le había expresado y lo soltó. Luego, este le dio las gracias y le dijo que desde ese momento él se ponía a sus órdenes para lo que pudiera necesitar.

El ratón, contento, volvió a su cueva y el león se fue a ______________.

Al poco tiempo, el león, andando por el bosque, tropezó y se cayó en un ______________. Sin darse cuenta había caído en una trampa de redes que no podía cortar. Comenzó a quejarse rugiendo de miedo y de tristeza y el ratoncito lo oyó. Entonces fue al bosque y allí encontró al león, desesperado adentro de la red. El ratoncito lo miró y le dijo:

"Señor, yo tengo un buen cuchillo; con estos dientes ______________ y filosos roeré poco a poco y donde están sus manos haré un hueco. Por allí podrá sacar sus brazos fuertes y romper la red. Gracias a mis pequeños dientes podrá escapar. Porque mi vida perdonó ahora podrá vivir."

Desde ese día el león supo que a un animal, por más pequeño que sea, no se lo puede despreciar y que su ayuda puede ser muy grande en un momento de necesidad.

Adaptado de *El libro del buen amor*. En C. Dámaso Martínez et alii, *Leer más*, 6, Buenos Aires, Estrada, 1999.

SIMONE MATIAS/ARQUIVO DA EDITORA

2 ¿Sabes qué es una fábula? Lee la definición, piensa en lo que ya sabes sobre ese tipo de texto y señala las respuestas correctas.

Composición literaria de carácter narrativo, generalmente breve, cuyos personajes suelen ser animales, y que pretende dar una enseñanza útil o moral, frecuentemente sintetizada en una moraleja final.

Adaptado de *Clave*, SM, s/f. Disponible en <http://clave.librosvivos.net/>. Acceso el 29 de noviembre de 2011.

a ¿Quiénes son los protagonistas de esas historias?

- [ ] Dioses.
- [X] Animales.
- [ ] Niños.
- [ ] Elementos de la naturaleza.

b Aparte de entretener, ¿cuál es la finalidad de las fábulas?

- [ ] Demostrar al lector que los animales tienen varias capacidades.
- [X] Transmitir un mensaje al lector, una enseñanza para la vida.
- [ ] Convencer al lector de la importancia de los animales.
- [ ] Explicarle al lector cómo funcionan las relaciones entre los animales.

3 Examina la fábula que has leído y contesta a las preguntas:

a ¿Qué expresiones el ratón utilizó para caracterizar al león y a sí mismo?

El rey de la selva

b ¿Qué características humanas presentan estos personajes?

Las falas

c ¿Cuál es la moraleja del texto que acabas de leer?

Nosotros podemos respetar todos.

d ¿Estás de acuerdo con eso? Justifica tu respuesta.

Estoy, pos temos que ter respeto

REPASO CONTENIDOS DE LAS UNIDADES 5 Y 6

1 Ordena los párrafos del cuento del argentino Oche Califa:

SIMONE MATIAS/ARQUIVO DA EDITORA

- [2] Es mediodía y sólo han comido un poco de pan duro y mojado en mate cocido.
- [4] — Si a la tarde llueve leche, ponemos las tazas afuera, ¿eh?
- [3] El día está gris y amenaza con llover, pero como el padre tiene los brazos muy largos abraza a los chicos, les guiña el ojo y les dice:
- [1] En una casilla de la villa el papá y sus dos hijos están mirando por el vidrio roto de la ventana.

Oche Califa, *Cinco más cinco*, Buenos Aires, Colihue, s/f.

2 ▸ PISTA 22 Ahora escucha el cuento y comprueba si has ordenado correctamente los párrafos.

3 Contesta oralmente a las preguntas:

a ¿Quiénes son los personajes del cuento?

b ¿Dónde sucede la historia?

c ¿Cuándo ocurre la historia?

d ¿Quién cuenta la historia?

4 El cuento retrata una situación de pobreza y hambre. ¿Qué expresiones utilizadas por el narrador reflejan eso?

Casilla de la villa

5 ¿Cuál de los títulos de abajo te parece el mejor para la historia? ¿Por qué?

☐ Amenaza de lluvia ☒ A pesar de todo ☐ Tenemos hambre

6 Busca en la ilustración del texto los siguientes objetos:

taza vaso plato cuchara cuchillo olla pava mantel servilleta

7 Busca en la sopa de letras tres alimentos del desayuno, tres del almuerzo, tres de la cena, tres postres y tres bebidas y completa el cuadro:

P	L	J	R	Ñ	E	C	A	R	N	E	E	N	O	B	G
U	E	W	A	F	N	P	E	Q	U	O	T	U	C	A	A
D	V	Q	I	R	V	F	E	W	V	H	B	I	S	U	L
I	M	A	R	U	R	Z	U	M	O	E	Ñ	E	B	R	L
N	A	N	O	T	A	T	U	B	E	L	Y	N	P	J	E
Z	P	A	N	A	V	E	O	C	A	A	E	S	T	R	T
G	B	G	R	O	E	C	I	O	E	D	J	A	I	B	A
R	T	U	Q	R	M	E	V	C	N	O	A	L	I	M	S
S	I	A	E	L	H	R	U	I	R	G	L	A	N	E	E
N	E	N	R	F	R	E	B	D	U	V	S	D	P	O	R
V	A	P	E	S	C	A	D	O	L	T	P	A	S	T	A
I	M	U	I	V	O	L	F	A	R	K	E	R	I	S	I
N	Ñ	O	P	J	Z	E	I	A	T	E	O	N	Y	B	P
O	T	A	Q	A	M	S	O	P	A	J	A	Q	U	E	Q

Desayuno	Almuerzo y cena		Postre	Bebida
Galletas	carne	Sopa	Pudin	Zumo
Cereales	pasta	pescado	frutas	agua
Pan	cocido	Ensalada	helado	Vino

8

¿Te acuerdas de los modelos de conjugación de verbos regulares en presente de indicativo? Completa la tabla con las terminaciones:

Desayunar	Beber	Partir
desayun**o**	beb**o**	part**o**
desayun_____ / desayun_____	beb_____ / beb_____	part_____ / part_____
desayun_____	beb_____	part_____
desayun_____	beb_____	part_____
desayun_____	beb_____	part_____
desayun_____	beb_____	part_____

9

Lee los datos de mis cuatro hermanos, conjuga los verbos y completa el cuadro:

a A María le _____________ (gustar) los libros de poesía y las novelas antiguas.

b Mi hermana menor _____________ (tener) seis años.

c Pepa _____________ (estudiar) francés.

d La hija mayor de mi madre _____________ (tener) quince años.

e Javier _____________ (ser) el benjamín. _____________ (tener) cuatro años.

f A una de mis hermanas le _____________ (gustar) el *rock*.

g Celeste _____________ (ser) rubia y delgada.

h Mi hermana mayor _____________ (estudiar) informática.

i A mi hermano le _____________ (gustar) jugar al fútbol.

j Una de mis hermanas _____________ (tener) ocho años.

k A mi hermana de ocho años le _____________ (gustar) las fiestas de cumpleaños.

l La que estudia artesanía _____________ (ser) morena y _____________ (tener) los ojos oscuros.

m Mi hermano menor no _____________ (estudiar), _____________ (ir) a la guardería.

n La niña a quien le _____________ (gustar) el *rock* _____________ (ser) guapísima.

ñ Una de mis hermanas _____________ (estudiar) portugués.

o Mi hermano _____________ (ser) gordito y muy listo.

Nombre	Edad	Gustos	Cómo es	Qué estudia
María	15 años	libros de poesía y novelas antiguas	Es moreno y tiene los ojos oscuros	informática y artesanía
Pepa	6 años	*rock*	Guapísimo	francés
Javier	4 años	Jugar al fútbol	gordito y muy listo	no estudio, va a la guardería
Celeste	8 años	las fiestas de cumpleaños	rubia y delgada	portugués

10 Completa los huecos con **me**, **te**, **le**, **nos**, **os**, **les**:

a A Mónica le gusta su conejo.

b A mí no me gustan los osos de peluche.

c ¿A ti tes gustan las víboras?

d A los niños les gusta mucho el patito feo.

e Y a vosotros, ¿qué animales os gustan?

f A mis hermanos y a mí nos gustan los pájaros y las mariposas.

11 Ordena la viñeta:

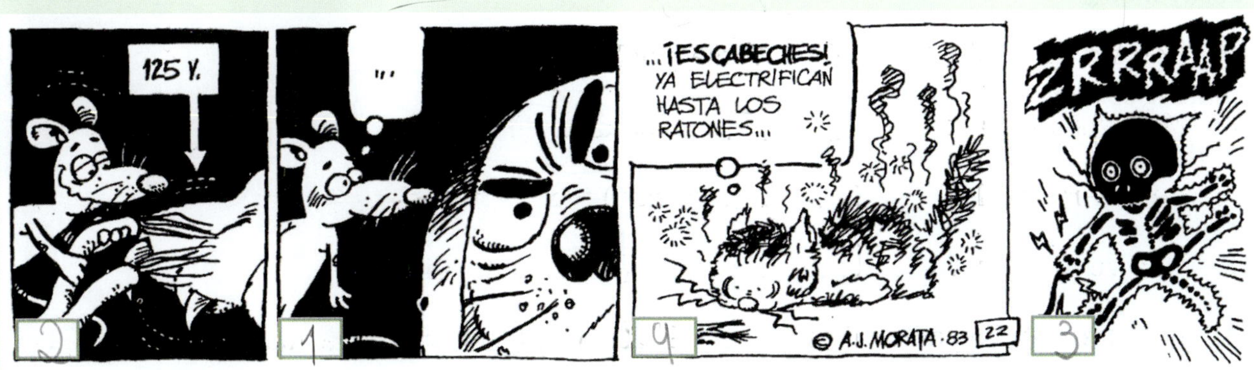

ANTONIO J. MORATA/ACERVO DO ARTISTA

Antonio J. Morata, *Vida de gatos*, Almería, D!Tebeos, 2001.

¿Cómo te evalúas?

	Siempre	A veces	Nunca
Hago las tareas	X		
Cumplo los plazos	X		
Participo en las clases	X		
Coopero con el grupo	X		

UNIDAD 7

¿Qué sueles hacer todos los días? Ordena las actividades cronológicamente:

ir a la escuela
almorzar
acostarse
ducharse
cenar
hacer las tareas
desayunar
ver la tele
chatear con los amigos

Así se dice

▸ PISTA 23 **Oye lo que dice Lucía sobre su rutina.**

YAACOV DAGAN/ALAMY/OTHER IMAGES

Todos los días

Hola, chicos. Me llamo Lucía Rioja Rodríguez. Tengo once años y vivo en Cuzco, una importante ciudad peruana. Les voy a contar como es mi rutina. De lunes a viernes me levanto a las siete de la mañana. Desayuno con mis hermanos y enseguida voy a la escuela. Estudio de las ocho a las doce y media. A la una en punto vuelvo a casa, almuerzo y a continuación duermo la siesta. Entre las tres y las cinco juego con mis amigos o veo la tele. A las cinco, me ducho y me dedico a los deberes. A las nueve ceno con mi familia. Me acuesto a las diez de la noche, pero antes siempre me lavo los dientes. Los sábados me despierto más tarde, a las nueve o nueve y media. Por la mañana me gusta ir al parque. Por la tarde voy al cine con mis amigas. Casi todos los domingos visito a mis abuelos, ceno afuera con mis padres y hermanos y me acuesto más temprano. Eso es todo. Besos y adiós.

Así lo dices

1 Contesta a las preguntas sobre la rutina de Lucía:

a ¿A qué hora se levanta de lunes a viernes?

Lucía se levanta a la siete de la mañana

b ¿Qué hace de las ocho a las doce y media, de lunes a viernes?

Ella estudia

c ¿Y qué hace después del almuerzo?

Ella duerme

d ¿A qué hora hace los deberes?

[illegible]

e ¿A qué hora cena?

Lucía cena a las nueve

f ¿Qué hace antes de acostarse? ¿Y a qué hora se acuesta?

Lucía antes de acostarse cena. Ella se acuesta a las nueve.

g ¿Qué le gusta hacer los sábados por la mañana? Y por la tarde, ¿qué hace?

Por la mañana ella gusta de ir a el parque. Por la tarde vai a lo cine.

h ¿Qué suele hacer los domingos?

Ella visita los abuelos.

2 Y tu rutina, ¿cómo es?

De lunes a viernes me levanto a las siete de la mañana. Desayuno sozinho pos todos de mi casa entan dormindo.

Charla

1 ▸ PISTA 24 Oye el diálogo. Después, señala las palabras que has escuchado:

Química	Español	Matemáticas	Inglés	Sábado
Ciencias	Historia	Geografía	Portugués	Domingo
Lunes	Martes	Miércoles	Jueves	

2 ▸ PISTA 24 Escucha una vez más y ordena la agenda de Carlos:

Lunes	Martes	Miércoles	Jueves	Viernes
inglé		inglés	Estudiar con	Examen de
08-11h		08-11h	Juan matemático	MA
			09h-12h	

3 ▸ PISTA 25 Lee y escucha los tres poemas a continuación.

Queda decretado
que todos los días de la semana,
inclusive los martes
más grises, tienen derecho
a convertirse en mañanas
de domingo.

Thiago de Mello, *Los estatutos del hombre*, trad. de Pablo Neruda, Buenos Aires, DTP Ediciones, 2001.

Me gustaría
que el año comenzara
todos los sábados.

M. Benedetti, *Rincón de haikus*, Buenos Aires, Seix Barral, 1999.

Lunes, desengaña;
Martes, mala gana;
Miércoles, tormenta;
Jueves, mala cuenta;
Viernes, a jugar;
Sábado, a pasear;
Y domingo, a descansar.

P. Cerillo, *A la rueda, rueda...* Antología de folklore latinoamericano, Madrid, Anaya, 2000.

a Escucha una vez más, teniendo en cuenta que el primer poema lo lee una chilena, el segundo, un boliviano y el tercero, un uruguayo. Después, discute con un/a compañero/a sobre las diferencias de acento que oyeron. ¿Qué se puede decir acerca del ritmo? ¿Y de la pronunciación de cada uno de ellos?

b Ahora les toca escribir en una hoja aparte una parodia de uno de los poemas que han escuchado.

Y Canta

▸ PISTA 26 Escucha la canción y canta con tus compañeros:

Hábitos cotidianos

Por la mañana
se levanta Ana María,
muy temprano, tempranito,
a cuidar a sus hermanitos.

¡Se levanta tempranito
a cuidar a sus hermanitos!

Su madre, Rosa,
que trabaja noche y día,
a su casa sólo vuelve
el domingo, si no llueve.

¡Su madre sólo vuelve
el domingo, si no llueve!

Ana María,
que es muchacha todavía,
lava, plancha y cocina
y se hace celestina.

¡Una muchacha que cocina
y se hace celestina!

Lee el futuro
de vecino, tío y tía
y recoge la ropa
antes de hacer la sopa.

¡Lava y recoge la ropa
antes de hacer la sopa!
Ya por la noche
quiere alguna alegría,
se disfraza de princesa
y duerme bajo la mesa.

¡Quiere ser una princesa
y duerme bajo la mesa!

Y a las cinco
se despierta, antes que el día.
No estudia, nunca juega,
sólo limpia, cose y friega.

¡Se despierta y nunca juega
sólo limpia, cose y friega!

Oiga, señor,
a eso no hay derecho
la muchacha Ana María
quiere escuela y alegría.

Composición musical producida especialmente para esta obra (ISRC BR-LAW-08-00060).

La vendedora de flores, de Diego Rivera, 1942.

DIEGO RIVERA, ÓLEO SOBRE MASONITE (1,21 M X 1,21 M)/COLECCIÓN JOSÉ DOMINGO LAVÍN, CIUDAD DE MÉXICO

CÓMO SE USA

1 Lee el cómic:

ELCÍADES/ACERVO DO ARTISTA

Adaptado de Elcíades, *Spanish à la cartoon*, EE.UU., Passport Books, 1990.

a Haz un círculo en cada uno de los números que aparecen en la tira.

b Ahora escribe con letras esos números: Treinta e Cien

2 Observa en el cuadro cómo se escriben los números en español y piensa en cómo se escriben en portugués. Después, marca las afirmaciones correctas:

Numerales cardinales			
cero	*diez*	*veinte*	*doscientos/as*
uno / una	*once*	*treinta*	*trescientos/as*
dos	*doce*	*cuarenta*	*cuatrocientos/as*
tres	*trece*	*cincuenta*	*quinientos/as*
cuatro	*catorce*	*sesenta*	*seiscientos/as*
cinco	*quince*	*setenta*	*setecientos/as*
seis	*dieciséis*	*ochenta*	*ochocientos/as*
siete	*diecisiete*	*noventa*	*novecientos/as*
ocho	*dieciocho*	*cien*	*mil*
nueve	*diecinueve*		

a [ ] Son iguales.

b [X] Son diferentes en las letras **q** y **c**, como ***quatro*** en portugués y **cuatro** en español.

c [X] Son diferentes del 11 al 29. En español se escribe todo junto.

3 Haz las cuentas y completa las frases adecuadamente:

a Cuatro más ____________ son ocho.

b Siete menos dos son ____________.

c Dieciocho menos cinco más cuatro son ____________.

d ____________ dividido entre cinco son dos.

e Tres menos tres es ____________.

f ____________ menos quince son tres.

g ____________ multiplicado por dos son dieciséis.

h ____________ más dos menos uno son trece.

i ____________ por seis son dieciocho.

4 Completa la secuencia:

Veinte, veintiuno, ____________, ____________, ____________, ____________, ____________, ____________, ____________, veintinueve, treinta.

▼ En español, los numerales del **veintiuno** al **veintinueve** se escriben en una sola palabra.

5 Ahora escribe con letras los números:

33 (treinta y tres) **47 (cuarenta y siete)** **145 (ciento cuarenta y cinco)** **108 (ciento ocho)** **1 213 (mil doscientos trece)**

a 31 ____________

b 45 ____________

c 77 ____________

d 89 ____________

e 108 ____________

f 133 ____________

g 357 ____________

h 1 245 ____________

i 423 ____________

j 654 ____________

¿A que no sabes que en español sólo se utiliza la conjunción y entre las decenas y las unidades?

6 Observa en el cuadro la conjugación de algunos verbos irregulares en presente. Después, contesta a las preguntas sobre tu rutina.

Ir	Hacer	Volver	Despertarse	Almorzar	Acostarse
voy	*hago*	*vuelvo*	*me despierto*	*almuerzo*	*me acuesto*
vas	*haces* *hacés*	*vuelves* *volvés*	*te despiertas* *te despertás*	*almuerzas* *almorzás*	*te acuestas* *te acostás*
va	*hace*	*vuelve*	*se despierta*	*almuerza*	*se acuesta*
vamos	*hacemos*	*volvemos*	*nos despertamos*	*almorzamos*	*nos acostamos*
vais	*hacéis*	*volvéis*	*os despertáis*	*almorzáis*	*os acostáis*
van	*hacen*	*vuelven*	*se despiertan*	*almuerzan*	*se acuestan*

a ¿Te despiertas tarde o temprano?

Me despierto temprano

b ¿Vas a la escuela por la mañana o por la tarde?

Voy a la mañana

c ¿Vuelves a casa solo o con tus compañeros?

Vuelvo con mis padres

d ¿A qué hora almuerzas?

Amuerzo medio dio

e ¿A qué hora haces los deberes?

hago en la tarde

f ¿Te acuestas antes o después de tus padres?

Me acuesto antes de mis padres

g ¿Vas al cine a menudo?

h ¿Qué haces los fines de semana?

Hago mucha cosas

7 ¿Jugamos a descubrir los años? No es difícil, se trata de hacer algunas cuentas. Así que ¡atención!

a ¿Cuántos años tiene cada uno?

SIMONE MATIAS/ARQUIVO DA EDITORA

- [10] Marisa
- [10] Andrés
- [33] Nora
- [40] Luis
- [76] El padre de Luis

b ¿Cuál es la peculiaridad de los hermanos Andrés y Marisa?

Ellos Melizos

Adaptado de *Aprendo jugando con los números*, Buenos Aires, Bonun, s/f.

ALGO MÁS

1 ¿Qué hora es? Observa el ejemplo y escribe en los espacios qué marcaría la aguja más corta del reloj:

> En español siempre se pregunta **qué hora es** en singular.

Son las ___ en punto.

Es la una y cinco.

Son las ___ y diez.

Son las ___ y quince / y cuarto.

Son las ___ y veinte.

Son las ___ y veinticinco.

Son las ___ y treinta / y media.

Son las ___ menos veinticinco.

Son las ___ menos veinte.

Son las ___ menos cuarto.

Son las ___ menos diez.

Son las ___ menos cinco.

2 Relaciona:

a Es la una y cuarto.
b Son las dos y veinticinco.
c Son las tres menos diez.
d Son las doce en punto.
e Son las cuatro y media.
f Son las cuatro menos cuarto.
g Es la una y veinticinco.
h Son las nueve menos cinco.
i Son las once menos veinte.

ILUSTRAÇÕES: JEFFERSON COSTA/ARQUIVO DA EDITORA

3 Busca en la sopa de letras la hora apuntada en los relojes:

JEFFERSON COSTA/ARQUIVO DA EDITORA

a 

e 

i 

b 

f 

j 

c 

g 

k 

d 

h 

l 

C	E	N	B	I	P	D	O	W	S	G	U	I	D	F	A	R	R	U	J	M	E
I	C	U	A	T	R	O	Y	C	U	A	R	T	O	R	E	Ñ	A	Q	U	I	S
N	M	I	F	L	E	S	M	A	X	J	O	L	S	O	C	E	T	U	I	A	I
C	E	B	A	Z	N	Y	U	L	O	N	C	E	Y	M	E	D	I	A	X	O	E
O	P	U	K	T	S	D	E	I	B	L	L	C	V	A	P	R	E	Y	L	D	T
M	K	A	R	R	A	I	F	D	A	M	A	M	E	D	I	A	N	O	C	H	E
E	O	Z	V	U	Y	E	K	A	P	O	C	H	I	R	E	C	W	M	A	B	Y
N	A	C	H	I	P	Z	A	B	I	V	E	K	N	U	D	U	P	E	I	V	V
O	A	R	E	L	L	U	J	R	N	A	G	Ñ	T	C	I	L	A	T	R	O	E
S	R	I	U	C	I	N	C	O	Y	M	E	D	I	A	Ñ	Y	O	N	O	V	I
C	B	A	Z	D	L	A	Ñ	T	E	U	Q	U	C	E	Z	A	U	D	S	K	N
U	N	U	E	V	E	M	E	N	O	S	V	E	I	N	T	E	Q	U	A	M	T
A	D	B	A	I	R	U	L	A	W	S	T	A	N	A	C	I	D	E	I	T	E
R	A	P	O	F	K	I	V	T	R	E	S	Y	C	I	N	C	O	P	U	L	O
T	O	N	U	E	V	E	E	N	P	U	N	T	O	P	H	A	C	I	R	E	L
O	L	I	V	A	R	R	A	Z	O	N	E	L	E	T	A	R	E	A	L	I	V

4 Completa el crucigrama:

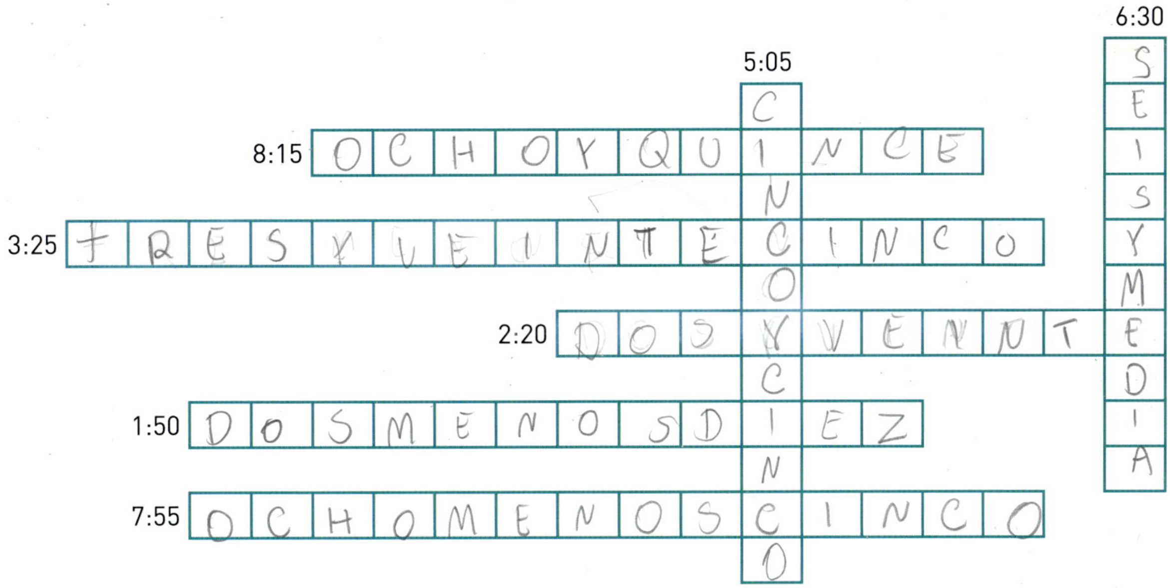

5 Entrevista a un/a compañero/a y completa las frases:

a **Tú:** ¿A qué hora ______ (despertarse) durante la semana?

Él: ______

b **Tú:** ¿A qué hora ______ (desayunar)?

Él: ______

c **Tú:** ¿A qué hora ______ (ir) a la escuela?

Él: ______

d **Tú:** ¿A qué hora ______ (volver) a casa?

Él: ______

e **Tú:** ¿A qué hora ______ (hacer) los deberes?

Él: ______

f **Tú:** ¿Qué días ______ (tener) clases de español?

Él: ______

g **Tú:** ¿A qué hora ______ (almorzar) los sábados?

Él: ______

h **Tú:** ¿A qué hora ______ (acostarse) los domingos?

Él: ______

Lee y reacciona

1 Lee el texto:

Los astros y los días de la semana

En el cielo podemos ver miles de astros y, de estos, algunos se mueven entre las estrellas fijas. Fueron llamados por los griegos *planetis*, planetas, que significa errantes. Además de ellos están el Sol y la Luna.

Esos astros tenían una enorme importancia para el pensamiento mágico de la Antigüedad. Los pueblos antiguos les asignaron un día especial.

Ese fue el origen de la semana de siete días. Provienen del latín los nombres actuales de la mayoría de los días de la semana y de ahí vienen los nombres en español:

- **Lunes** (*Lunae dies*), día de la Luna.
- **Martes** (*Martis dies*), día de Marte.
- **Miércoles** (*Mercurii dies*), día de Mercurio.
- **Jueves** (*Iovis dies*), día de Júpiter.
- **Viernes** (*Veneris dies*), día de Venus.

El **Sábado** y el **Domingo** eran llamados respectivamente día de Saturno (*Saturni dies*) y día del Sol (*Solis dies*). Sin embargo, en la Edad Media se cambió su nombre y su significado. La palabra sábado proviene de *Shabbath*, el día santo hebreo. En cuanto al domingo, proviene del latín *Dominica dies*, día del Señor.

En cuanto a los nombres de los meses, vienen también del latín de la época romana. El año, en el calendario romano, estaba dividido en doce meses, comenzaba en el equivalente de marzo y terminaba en febrero.

Adaptado de <www.cablenet.com.ni>. Acceso el 11 de octubre de 2007.

SIMONE MATIAS/ARQUIVO DA EDITORA

2 ¿Qué tipo de información encontramos en los calendarios?

- **a** [ ] las horas
- **b** [x] los días de la semana
- **c** [x] los meses del año
- **d** [ ] las estaciones del año

3 En el texto, ¿predominan las informaciones objetivas o los comentarios del autor?

Sí predominan

4 Relaciona las columnas:

1	Lunes	5	Día de Venus
2	Martes	7	Día del Señor
3	Miércoles	2	Día de Marte
4	Jueves	6	*Shabbath*
5	Viernes	4	Día de Júpiter
6	Sábado	1	Día de la Luna
7	Domingo	3	Día de Mercurio

5 Ahora, contesta a las preguntas:

a ¿Qué son los planetas?

Son astros

b ¿De dónde provienen los nombres de los días de la semana y de los meses del año?

El pensamento mágico de la Antigüedad

c En el segundo párrafo del texto, se dice que los astros tenían mucha importancia para el pensamiento mágico de la Antigüedad. ¿Sabrías decir qué es **pensamiento mágico**? ¿Te parece que esa influencia se mantiene hoy día? ¿Por qué?

PROYECTO LAS FÁBULAS EN HISTORIETAS

Objetivo

Transformar una fábula en una historieta.

Pero ¿qué es una fábula? Las fábulas son historias que siempre tienen una moraleja y cuyos personajes son animales.
¿Y qué son historietas? Las historietas son dibujos hechos en secuencia que cuentan una historia. Observa en estas historietas de Jim Davis los recursos que se utilizan:

Jim Davis, *Garfield – Vale lo que pesa*, Buenos Aires, Lumen, 2003.

- Para indicar lo que dice un personaje pueden usarse bocadillos como en **12**.
- Para indicar lo que piensan pueden usarse bocadillos que se asemejan a nubes, como en **2** ó **3**.
- Para indicar que la voz viene desde fuera, como de la televisión o de la radio, por ejemplo, puede usarse un cuadro o un bocadillo con algunos picoteados, como en **4** ó **5**.
- Y hay también algunos recursos, como letras pequeñas o grandes, que indican si se está hablando en voz baja o si se está gritando, como en **6**.

¡Manos a la obra!

Ahora que ya sabes qué son las fábulas y que hay algunos recursos para construir una historieta, te toca elegir una fábula y convertirla en historieta.

Materiales

> cartulina
> diccionario
> lápices de colores
> una fábula hispánica

BANCO DE IMAGENS/ARQUIVO DA EDITORA

Paso a paso

1 Elige una fábula

Se distribuyen a los alumnos en grupos. Cada grupo debe elegir una fábula. Para eso, pueden hacer una investigación en la biblioteca o en algunos sitios de internet.

2 Adapta la fábula

El grupo hace la adaptación de la fábula, escribiendo un borrador. Observa que en las historietas predominan los diálogos.

3 Produce la historieta

Después de corregir las adaptaciones, se puede pasar a la producción de las historietas: hacer los dibujos, añadir los textos (considerando lo que se explicó sobre los bocadillos), colorir, etc. Cuando todo esté listo, se puede organizar una exposición de las historietas.

UNIDAD 8

▼

Una profesora les pidió a sus alumnos una tarea para el fin de semana: buscar noticias raras en revistas o internet. ¿Qué tipos de informaciones crees que los chicos pueden haber encontrado?

Así se dice

▸ PISTA 27 **¡A ver qué encontraron! Escucha la grabación.**

MARTIN BARRAUD/OJO IMAGES/GETTY IMAGES

Esta es una noticia verdaderamente buena: "En una pequeña ciudad brasileña, tres panaderos que estaban en paro hacía un año ahora están trabajando contra el hambre de los niños de la ciudad. Formaron una cooperativa y están produciendo quinientos panes artesanales diariamente, sólo con ingredientes donados por la gente".

Ana

¿Qué están haciendo?

¡Esto no puede ser verdad! "En una ciudad europea, están construyendo un cementerio en el último piso de un grandioso centro de compras. Según los idealizadores del proyecto, los obreros están trabajando día y noche para que todo esté listo antes del fin de este año. Mucha gente ya está reservando sus plazas en ese jardín cerca del cielo".
Teresa

Esta es la noticia más rara que encontré: "En una ciudad argentina, un médico chino está tratando las enfermedades de la gente con un zumo hecho de verduras cocidas y frutas rojas. Todavía no están comprobados los resultados de esa medicina, pero algunos médicos de la región están haciendo una investigación sobre eso".
Pedro

La noticia es estupenda: "Un músico estadounidense vende uno de sus riñones por un millón de dólares para comprarse una guitarra eléctrica que perteneció a Jimi Hendrix, el guitarrista más famoso de la historia del *rock*".
Arturo

Así lo dices

1 Contesta a las preguntas:

a ¿Qué está ocurriendo en una ciudad argentina?

En una ciudad argentina, un

d ... ompras?

e ¿... haciendo los panaderos que es... paro?

2 Y tú, ¿puedes escribir una noticia rara? Antes de empezar, inventa las informaciones, contestando rápidamente a estas preguntas:

- ¿Qué está pasando?
- ¿Dónde?
- ¿Quién está involucrado?

3 Observa el fragmento de una viñeta de Quino e identifica a:

a un niño llorando;
b un niño echando al suelo el contenido de un bolso;
c un chico pegándole a su compañero;
d una monja y un enfermero llevándose a la profesora;
e un chico haciendo dar vueltas la zapatilla;
f un chico pisando el globo terráqueo;
g dos compañeros luchando sobre la mesa;
h un niño balanceándose en la lámpara;
i un niño haciendo pis en la pared;
j un chico quemando papel.

JOAQUÍN SALVADOR LAVADO (QUINO)/ACERVO DO ARTISTA

Adaptado de Quino, *Eso no es todo*, Buenos Aires, Ediciones de la Flor, 2001.

4 Observa las fotos, lee las frases y relaciónalas:

PAT DOYLE/CORBIS/LATINSTOCK

BRAD LOPER/*DALLAS MORNING NEWS*/CORBIS/LATINSTOCK

STEPHANIE SWARTZ/SHUTTERSTOCK/GLOW IMAGES

GEOM/SHUTTERSTOCK/GLOW IMAGES

a Están jugando al fútbol.

b Están jugando al baloncesto.

c Está leyendo.

d Está viendo una película en la tele.

Charla

1 ▸ PISTA 28 **Escucha el diálogo y señala las alternativas correctas:**

a María llama a Silvia para avisarle que:

- ☐ están poniendo un programa interesante en la tele.
- ☐ habrá examen al día siguiente.
- ☐ el examen es sobre los animales en extinción.

b Silvia no está viendo la tele porque:

- ☐ está escribiendo una redacción para la profesora de lengua extranjera.
- ☐ está estudiando para el examen.
- ☐ está viendo un reportaje sobre los animales en extinción.

c María le cuenta a Silvia que en el programa:

- ☐ están explicando por qué hay pocos animales en extinción.
- ☐ están explicando los motivos por los que los animales están desapareciendo.
- ☐ están explicando las consecuencias de la desaparición de muchos animales.

d María le dice a Silvia que no se preocupe porque:

- ☐ van a poner otra vez el programa la próxima semana.
- ☐ está grabando el programa y puede prestárselo.
- ☐ está grabando el programa y puede alquilárselo.

2 Invita a un/a compañero/a a que juegue contigo:

- Cada uno tiene que buscar en el dibujo lo que el otro ordene. Por ejemplo: *¿Quién es el chico que está jugando al baloncesto?*
- El que encuentre más rápidamente al personaje gana un punto.
- Gana el juego el que haga más puntos.

JEFFERSON COSTA/ARQUIVO DA EDITORA

CÓMO SE USA

1 Lee el cómic:

TIN-GLAO/ACERVO DO ARTISTA

Tin-Glao, *Spanish à la cartoon*, EE.UU., Passport Books, 1990.

a La expresión **qué estás pensando** se refiere a una acción que ocurre:

- [ ] en el momento de la pregunta.
- [ ] en un momento anterior a la pregunta.
- [ ] en un momento posterior a la pregunta.

b Para expresar esa idea temporal se utilizaron:

- [ ] todos los verbos en presente.
- [ ] un verbo en presente y otro en gerundio.
- [ ] los verbos en infinitivo.

2 Observa la regla de formación del gerundio en el cuadro de abajo y completa la tabla que está en la página siguiente:

Gerundio			
de verbos terminados en	*-ar*	*-ando*	*cantar* → *cantando* *bailar* → *bailando*
	-er	*-iendo*	*beber* → *bebiendo* *comer* → *comiendo*
	-ir	*-iendo*	*vivir* → *viviendo* *salir* → *saliendo*

¿Sabías que hay verbos que tienen gerundio irregular?

- leer → leyendo
- creer → creyendo
- huir → huyendo
- morir → muriendo
- decir → diciendo
- disminuir → disminuyendo
- oír → oyendo
- dormir → durmiendo
- servir → sirviendo
- ir → yendo

-ar	-er	-ir
estudiar → estudiando	saber → sabiendo	escribir → escribiendo
empezar → empezando	ver → viendo	partir → partiendo
trabajar → trabajando	entretener → entreniendo	conducir → conduciendo
cocinar → cocinando	deber → debiendo	combatir → combatiena
dibujar → dibujando	hacer → haceindo	latir → latiendo
llamar → llamando	coger → cogiendo	sufrir → sufriendo
llorar → llorando	correr → corriendo	insistir → insistiendo
ladrar → ladrando	caber → cabiendo	crujir → crujiendo

3 Utiliza el verbo **estar** en presente y escribe frases que expresan acontecimientos en desarrollo:

(ellos / dormir) Ahora están durmiendo.

a (tú / vos / estudiar) Estás estudiando

b (yo / leer) estoy leiendo

c (vosotros / ver la tele) Estáis viendo la tele

d (tú y yo / trabajar) Estamos trabajando

e (Juliana / bailar) Está bailando

▼
En español, así como en portugués, para hablar de acontecimientos en desarrollo se utiliza la perífrasis **estar + verbo en gerundio**.
▼
¿Te acuerdas de la conjugación del verbo **estar**?
estoy / estás / está / estamos / estáis / están

4 Charla con un/a compañero/a sobre qué están haciendo estas personas. Después escribe subtítulos para las fotos a partir de las respuestas dadas por él:

a

THOMAS KIENZLE/AGÊNCIA FRANCE-PRESSE

Neymar está jugando el fútbol

b

JEMAL COUNTESS/GETTY IMAGES/FRANCE-PRESSE

Está cantando
Está bailando

5 Lee el cómic y contesta: ¿Qué tienen de común los dos personajes?

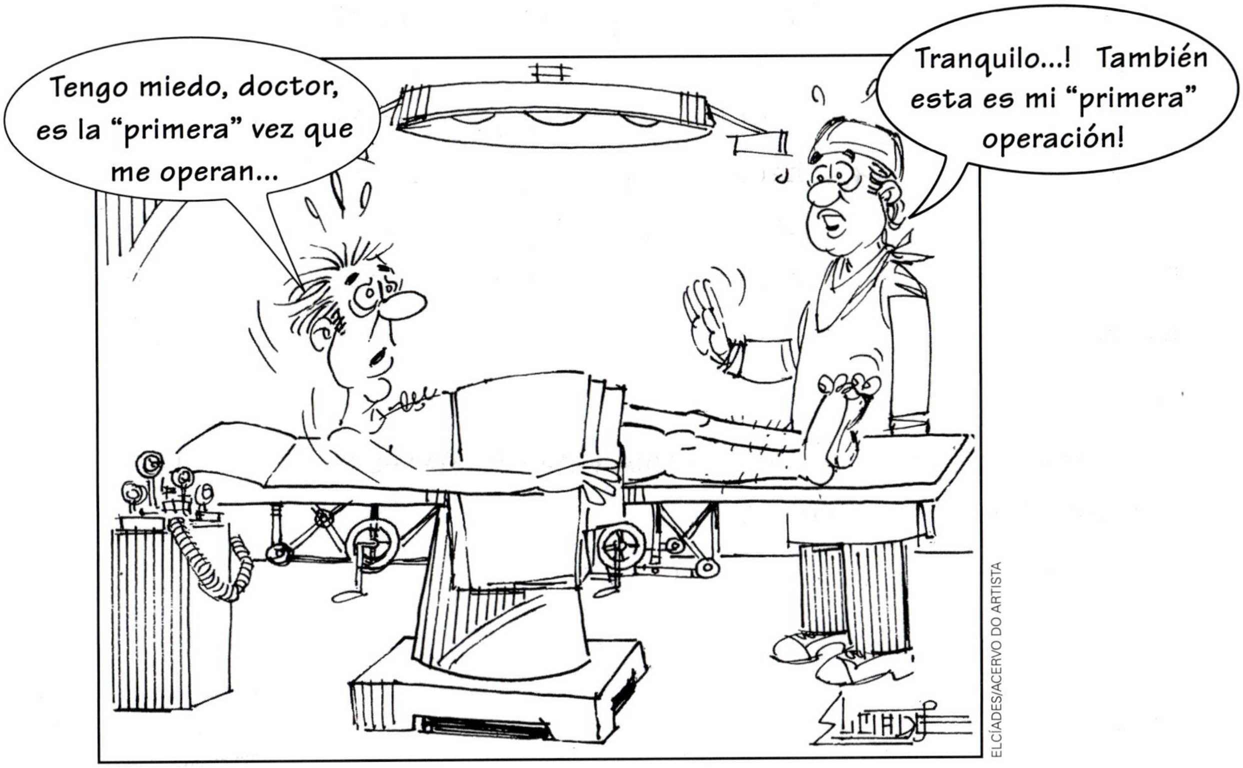

ELCÍADES/ACERVO DO ARTISTA

Elcíades, *Spanish à la cartoon*, EE.UU., Passport Books, 1990.

6 Escribe los números ordinales que están en el cuadro en orden creciente:

quinto decimoséptimo duodécimo sexto
vigésimo decimoquinto noveno decimosexto
undécimo tercero decimotercero cuarto
séptimo primero decimoctavo segundo
decimonoveno décimo decimocuarto octavo

Primeiro	octavo	decimoquinto
segundo	noveno	decimosexto
tercero	décimo	decimoséptimo
cuarto	undécimo	decimoctavo
quinto	duodécimo	decimonoveno
Sexto	decimotercero	
séptimo	decimocuarto	

7 Observa el dibujo y completa las frases:

a Pepa vive en el ________________ piso. En este momento ____________________ las plantas.

b Juan vive en el ________________ piso. Ahora ____________________ una novela.

c Iván y Ramona viven en el ________________ piso. ____________________ los perros.

d Arturo vive en el ________________ . En este momento ____________________ la tele.

e Mónica vive en el ________________ . ____________________ los cristales.

f Las hijas de Pepa, del ________________ , ____________________ .

▼ ¡Ojo! En español los numerales **primero** y **tercero** pierden la última letra delante de sustantivo masculino y singular.

SIMONE MATIAS/ARQUIVO DA EDITORA

ALGO MÁS

1 ▸ PISTA 29 Vas a escuchar a tres personas leyendo un mismo poema – un cubano, un español y un argentino. Subraya las palabras que se pronuncian de modo distinto en la lectura de cada uno:

Tin Tin la lluvia cayó

Tin Tin la lluvia cayó
ella juega conmigo y con ella yo,
Tin tin
la lluvia es una niña de cristal azul,
para que juegues tú con ella
para que juegues tú.
Tin tin la lluvia cayó
con su frescura el aire se perfumó
Tin tin.

Teresita Fernández. Extraída de <http://homepages.dcc.ufmg.br/~anolan>. Acceso el 22 de noviembre de 2011.

SIMONE MATIAS/ARQUIVO DA EDITORA

2 Ahora te toca a ti leer el poema. Puedes elegir el acento que más te guste.

3 ▸ PISTA 30 Escucha la sinopsis de una película y pon atención a los sonidos de las palabras destacadas:

La marcha de los pingüinos

*Conoce la vida **cotidiana** de esta especie y **asómbrate** con el recorrido que **hacen** para lograr su supervivencia.*

Este documental cuenta la **historia** de los pingüinos y su viaje a través del **hielo**. Es una **historia** legendaria que **tiene** personajes reales. "Es **tiempo** de que esta leyenda se **cuente**", nos comentó Luc Jacquet, el **director**. "Mi **objetivo** es contar una **historia** que **ha** pasado **desde hace** siglos y mostrar imágenes reales del pingüino emperador **durante** el invierno en la **Antártica**". Cada invierno los pingüinos **hacen** un viaje a la Antártica; ellos abandonan el océano y se lanzan a una **tierra helada** con el fin de reproducirse y asegurar la supervivencia de su especie. Después de cuatro largos meses las crías nacen. Los pingüinos recién nacidos son capaces de sobrevivir cuarenta y **ocho horas** con sus reservas **alimenticias**.

Niños, n. 87, México, 2004.

WARNER BROS./ EVERETT COLLECTION/KEYSTONE

Lee y reacciona

1 Lee en voz alta el poema:

Vivir la vida

Amando
Bailando
Compartiendo
Durmiendo
Estudiando
Filosofando

¿Viviendo?

Gritando
Haciendo
Inventando
Jugando
Luchando
Manufacturando

¿Viviendo?

Negociando
Obedeciendo
Pateando
Queriendo
Revolucionando
Siendo

¿Viviendo?

Trabajando
Uniendo
Venciendo
Xerocopiando
Yaciendo
Zigzagueando

¡Viviendo!

JEFFERSON COSTA/ARQUIVO DA EDITORA

Texto hecho especialmente para esta obra.

2 Ahora contesta a las preguntas:

a ¿Cuál es la principal característica de la letra de la canción?

b ¿Qué sensación te produce eso?

c Con dos o tres compañeros, intenta traducir el poema al portugués. Enseguida, explica qué diferencias hay entre la formación del gerundio en español y en portugués.

3 Discute con tus compañeros: ¿Qué importancia tiene la puntuación en el poema?

Producción escrita y presentación oral

En grupos, les toca hacer una parodia del poema *Vivir la vida*. Hay que tener en cuenta que todos los verbos deben estar en gerundio.

Después, cada grupo va a hacer una presentación dramática de la parodia producida. Se puede también hacer una música, como un *rap*, por ejemplo.

Ojo, ¡no se olviden de hacer mímicas mientras declaman los verbos!

REPASO CONTENIDOS DE LAS UNIDADES **7** Y **8**

1 Utiliza los verbos adecuados para completar las frases:

a En mi casa, todos __________ a las seis de la mañana.

b A las seis me despierto, pero sólo __________ a las seis y cuarto.

c A las seis y media, __________ pan con mantequilla y café con leche.

d Tres veces por semana, los lunes, miércoles y jueves, a las siete, __________ gimnasia.

e A las ocho menos cuarto, mi padre __________ de casa para trabajar.

f De ocho a doce, mi hermana y yo __________. Después volvemos a casa.

g A la una en punto, __________.

h Entre cuatro y cinco de la tarde siempre __________ la televisión. Es que ponen un programa sobre los animales que me gusta muchísimo.

i A las cinco, __________ fruta y yogurt con mi hermana y nuestras amigas.

j A las nueve de la noche, __________ con mi familia.

k A las diez menos cuarto, __________ y __________ los dientes antes de acostarme.

l Mi hermana __________ a las diez de la noche, igual que yo.

2 ¿Serías capaz de completar el crucigrama con el infinitivo de los verbos que has utilizado en el ejercicio anterior? Atención, la disposición de esos verbos no sigue ningún orden.

Vertical: S A L I R * D E * C A S A

* L O S * D I E N T E S

* G I M N A S I A

L A * T E L E V I S I Ó N

3 ¿Qué hora es? Escribe con letras:

a 1h05 Una y cinco

b 2h10 dlos y dez

c 3h15 trez y cuarto

d 4h20 cutroy vento

e 5h25 cinco y ventecinco

f 6h30 seis y medio

g 7h35 Siete y trenta-cinco

h 8h40 nueve menos vento

i 9h45 diez menos quince

j 10h50 once menos diez

k 11h55 mediodia menos cinco

l 12h doce en punto

4 Los egipcios utilizaban dibujos llamados jeroglíficos para representar números y palabras. Sumaban el valor de cada símbolo para obtener el número que deseaban. Mira el cuadro:

raya	arco	gancho	flor	dedo índice	renacuajo	hombre asombrado
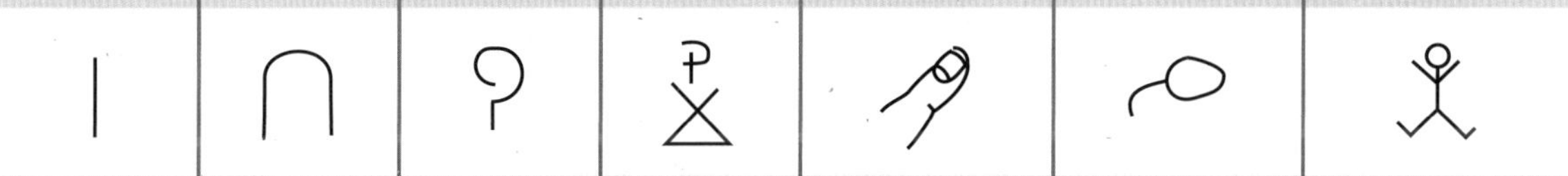						
1	10	100	1 000	10 000	100 000	1 000 000

a Identifica los números egipcios:

 14

 235

 1311

 10.011

 1.000.210

b Ahora escríbelos con letras:

Cuartoce - docientos y trenta y cinco - mil trescientos once - dez mil y once - Un milion doscientos y dez

Adaptado de *Aprendo jugando con los números*, Buenos Aires, Bonun, s/f.

5 Utiliza la perífrasis **estar + gerundio** y escribe frases:

a los abogados / charlar Los abogados estan charlando

b Miguel / oír / música Miguel está escuchando música

c los actores / representar / Romeo y Julieta Los actores estan representando Romeo e Julieta

d el señor / hacer / el café El señor está haciendo el café

e José y yo / correr / en el parque José y yo estamos corriendo en el parque

f los ladrones / huir / de la policía Los ladrones estan huyendo de la policía

g las enfermeras / socorrer / a los niños Las enfermeras estan acorriendo a los niños.

h Luis / lavar / la ropa Luis está lavando la ropa.

6 Utiliza un elemento de cada columna y escribe frases:

Los ingenieros *(Yo)* *Tú y yo* *(Nosotras)* *Pepe y Lucho* *Las profesoras*	*estar*	*estudiar* *trabajar* *leer* *volver del cine* *huir* *luchar*

Los ingenieros estan trabajando

Yo estoy estudiando

Pepe y lucho estan leyendo

Tú y yo estamos voltando al cine

¿Cómo te evalúas?	Siempre	A veces	Nunca
Hago las tareas	X		
Cumplo los plazos	X		
Participo en las clases	X		
Coopero con el grupo	X		

Sugestiones de lectura

Querido estudiante,

A continuación sugerimos una lista de libros que, además de contribuir para tu formación general, te proporcionarán unos momentos muy placenteros de lectura. Como verás, todas las obras están en español. Su lectura favorece el desarrollo de tus competencias lingüísticas y sirven también para que amplíes tus conocimientos relativos a los temas que se presentan en cada una de las unidades de este libro o sobre la historia y la cultura de los pueblos que hablan español alrededor del mundo. Muchas de esas obras se pueden encontrar en librerías brasileñas, algunas en bibliotecas públicas.

UNIDAD 1 ▸ CERRILLO, Pedro. *A la rueda, rueda...*; Antología de folclore latinoamericano. Madrid: Anaya, 2000.

UNIDAD 2 ▸ KESELMAN, Gabriela. *Cinco enfados*. Madrid: Anaya, 2001.

UNIDAD 3 ▸ MARTÍNEZ MENCHÉN, Antonio. *La niña que no quería hablar*. São Paulo: Ática/Anaya, 2008.

UNIDAD 4 ▸ DE CÉSERIS, Delia Maria; ANDRADE, Telma G. C. *Mi Buenos Aires querido*. São Paulo: Santillana, 2006.

UNIDAD 5 ▸ MACHADO, Ana Maria. *Camilón, comilón*. Trad. Manuel Barbadillo. São Paulo: SM, 2008.

UNIDAD 6 ▸ BORGES, Jorge Luis. *Manual de zoología fantástica*. México: Fondo de Cultura Económica, 2006.

UNIDAD 7 ▸ BENEDETTI, Mario. *Acordes cotidianos*. Buenos Aires: Vergara & Riba Editoras, 2001.

UNIDAD 8 ▸ MONTERROSO, Augusto. *La oveja negra y demás fábulas*. México: Fondo de Cultura Económica, 2001.

MORENO, Hortensia. *El cuaderno secreto*. São Paulo: SM, 2007.

Obras de referencia

ASSALI, Shirley Maia. *Conjugação de verbos em espanhol*. São Paulo: Ática, 2004.

FLAVIAN, Eugenia; FERNÁNDEZ, Gretel. *Minidicionário espanhol-português / português-espanhol*. São Paulo: Ática, 2008.

MILANI, Esther Maria. *Gramática de espanhol para brasileiros*. São Paulo: Saraiva, 2011.

MORENO, Francisco; GONZÁLEZ, Neide Maia. *Diccionario esencial español-portugués / português-espanhol*. Madrid: Arco Libros, 2006.

SADER, Emir; JINKINGS, Ivana (Coord.). *Enciclopédia contemporânea da América Latina e do Caribe*. São Paulo: Boitempo, 2006.

TORREGO, Leonardo Gómez. *Gramática didáctica del español*. Madrid: SM, 2007.

Bibliografía

BARALO, M. "La adquisición del español como lengua extranjera". *Cuadernos de Didáctica del Español/LE*. Madrid: Arco Libros, 1999.

BRASIL. Ministério da Educação e do Desporto. Secretaria de Educação Fundamental. *Parâmetros Curriculares Nacionais: ensino médio. Orientações Educacionais Complementares aos Parâmetros Curriculares Nacionais. Linguagens, códigos e suas tecnologias*. Brasília: MEC/Secretaria de Educação Média e Tecnológica, 1999.

__________. *Parâmetros Curriculares Nacionais: terceiro e quarto ciclos do Ensino Fundamental/Língua Estrangeira*. Brasília: MEC/Secretaria de Educação Fundamental, 1998.

BRUNO, Fátima Cabral (Org.). *Ensino-aprendizagem de línguas estrangeiras: reflexão e prática*. São Carlos: Claraluz, 2005.

CELADA, M. T.; GONZÁLEZ, N. T. M. "Los estudios de lengua española en Brasil". In: *Anuario de Estudios Hispánicos 2000*. Brasília: Consejería de Educación y Ciencia de la Embajada de España en Brasil, n. X, 2001. Suplemento El hispanismo en Brasil.

ERES FERNÁNDEZ, I. G. M. *Las variantes del español en la nueva década: ¿todavía un problema para el profesor del español a lusohablantes? Registros de la lengua y lenguajes específicos*. São Paulo: Embajada de España en Brasil/Consejería de Educación y Ciencia, 2001.

FREIRE, Paulo. *Educação e mudança*. São Paulo: Paz e Terra, 1979.

__________. *Pedagogia da autonomia*. São Paulo: Paz e Terra, 2002.

MATTE BON, Francisco. *Gramática comunicativa del español. De la lengua a la idea*. Madrid: Edelsa, 2005. Tomo I.

__________. *Gramática comunicativa del español. De la idea a la lengua*. Madrid: Edelsa, 2005. Tomo II.

MORENO FERNÁNDEZ, F.; OTERO ROTH, J. *Atlas de la lengua española en el mundo*. Madrid: Ariel/Fundación Telefónica, 2007.

ROJO, R. H. R.; LOPES, L. P. M. *Avaliação crítica e propositiva dos PCNEM-PCN + Área de Linguagens, Códigos e suas Tecnologias/Língua Portuguesa e Línguas Estrangeiras*. Documento base de discussão. Brasília: MEC, 2004.

SECO, Manuel. *Diccionario de dudas de la Real Academia Española*. Madrid: Espasa, 2001.

VYGOTSKY, L. S. *Pensamento e linguagem*. São Paulo: Martins Fontes, 1999.

Glosario

a

abajo: abaixo
abeja: abelha
ablandar: abrandar, amaciar, suavizar
abogado: advogado
abrazar: abraçar
abuelo: avô
aburrido: entediado
aceite: óleo de cozinha, azeite
aceituna: azeitona
aceptar: aceitar
acercar: aproximar
achacoso: débil, frágil
aconsejar: aconselhar
acordar: decidir, resolver, combinar
acordarse: lembrar-se, recordar-se
acostar: deitar, reclinar
acostarse: ir dormir
adelante: adiante
además: além de, também, ademais
adentro: dentro
adivinanza: adivinhação
adivinar: adivinhar
adjunto: adjunto, anexo
afilar: afiar
afligido: aflito
afuera: fora
agotar: esgotar
aguacate: abacate
aguja: agulha; ponteiro
agujerear: esburacar; furar
ahí: aí
ahora: agora
aire: ar
ajedrez: xadrez
ajo: alho
ala: asa
albañil: pedreiro
alguien: alguém
allí: ali
almeja: marisco, vôngole
almidón: amido; goma
almorzar: almoçar
alquilar: alugar
alrededor: ao redor
alubia: feijão
amable: amável
amarillo: amarelo
amenazar: ameaçar
amistad: amizade
ancho: largo
anciano: ancião, idoso
anglosajón: anglo-saxão
anidar: construir ninho
anillo: anel
antigüedad: antiguidade
antiguo: antigo
añadir: somar, acrescentar
apellido: sobrenome
apodo: apelido
aprobar: aprovar; passar (de ano)
aprovechar: aproveitar
apuntar: anotar
árbol: árvore
arena: areia
arrodillar(se): ajoelhar(-se); rastejar
arrojar: revelar
artesanía: artesanato
artículo: artigo
asignar: atribuir
asignatura: matéria, disciplina escolar
asomar: mostrar
aula: classe, sala de aula
aunque: ainda que; embora
autobús: ônibus
avispa: vespa
ayudar: ajudar
azafata: aeromoça
azafrán: açafrão
azúcar: açúcar

b

bajar: baixar, abaixar; descer
bajo: baixo; sob
balcón: sacada, terraço
baloncesto: basquetebol
balonmano: handebol
bandada: bando
bañador: roupa de banho
barrio: bairro
benjamín: caçula
berenjena: berinjela
besar: beijar
bigote: bigode
bocadillo: lanche, sanduíche; balão de fala ou pensamento
bolso: bolsa
boquerón: anchova
botella: garrafa
brazo: braço
bufanda: cachecol
burbuja: bolha, borbulha

c

caballo: cavalo
cabeza: cabeça
cachorro: filhote (de qualquer mamífero)
caer: cair
cajón: gaveta
calamar: lula
calcetín: meia soquete ou três-quartos
calentar: esquentar
calidad: qualidade
caliente: quente
calle: rua
calzoncillo: cueca
camarero: garçom
cambiar: trocar
camello: camelo
caminar: caminhar
camote: batata
campana: sino
campesino: camponês
canijo: franzino, fraco
cantante: cantor
cantidad: quantidade
capullo: botão (de flor)
caramelo: bala
cardón: arbusto
carozo: caroço, pequena noz
carrera: corrida; profissão
carrillo: bochecha
cartel: cartaz
cartuchera: estojo
casabe: tapioca
cascabel: chocalho; sino
cascada: cachoeira
casi: quase
cazar: caçar
cebra: zebra
ceja: sobrancelha
celestina: alcoviteira
cenar: jantar
ceniza: cinza
cepillar: escovar
cerca: perto, próximo
cerdo: porco
cerezo: tipo de árvore
cero: zero
chabola: favela, barraco
chaleco: colete
chupa: jaqueta
chaqueta: paletó, casaco
charlar: conversar
chico: menino; pequeno
chile: pimenta; **chile guajillo:** tipo de pimenta mexicana
chino: chinês
chiste: piada, anedota
chorizo: tipo de linguiça picante
cielo: céu
cinturón: cinto
cirujano: cirurgião
ciudad: cidade
clase: aula
clavel: cravo
coche: carro
cocina: cozinha; culinária; fogão
cocinar: cozinhar
cocinero: cozinheiro
cocodrilo: crocodilo
codo: cotovelo
coger: pegar, tomar
cola: fila; rabo
cole: apócope de *colegio*
colibrí: beija-flor
coliflor: couve-flor
color: cor
combatir: combater
comenzar: começar
complejo: complexo
conducir: dirigir
conductor: motorista
conejo: coelho
congrí: arroz com feijão
conocer: conhecer
contenido: conteúdo
copa: taça, cálice
copla: combinação breve de versos
corajudo: corajoso
corbata: gravata
corona: coroa
corto: curto
costumbre: costume
crucigrama: palavras cruzadas
crudo: cru
crujir: ranger, estalar
cucaracha: barata
cuchara: colher
cuchillo: faca
cuello: pescoço
cuero: couro
cueva: caverna
cumpleaños: aniversário
cuyo: cujo

d

dato: dado, informação
debajo: embaixo, debaixo
debido: devido
decir: dizer
dejar: deixar
delante: diante, em frente
deletrear: soletrar
delgado: magro
deprisa: depressa
derecho: direito
desarrollar: desenvolver
desayunar: tomar o café da manhã
desayuno: café da manhã
describir: descrever
deshojar: desfolhar
desmenuzar: despedaçar
despacio: devagar

desperezar(se): espreguiçar(-se)
despertarse: acordar
después: depois
desventaja: desvantagem
devaneo: devaneio
dibujar: desenhar
dirección: endereço
disfraz: fantasia; disfarce
disfrazar(se): fantasiar(-se)
disminuir: diminuir
disparatar: desatinar
distinto: diferente
doble: duplo
doce: doze
docena: dúzia
doler: doer
donar: doar
ducha: chuveiro
ducharse: tomar banho
dudar: duvidar
durazno: pêssego

e

echar: lançar, jogar, atirar
edad: idade
elegir: escolher
elote: milho
embutido: embutido (paio; salsicha; linguiça)
empezar: começar
emplumado: com plumas
enamorar(se): apaixonar(-se)
encuesta: enquete
enero: janeiro
enfadado: aborrecido, irritado, chateado
enfadar: aborrecer, irritar, chatear
enfermo: doente
enjambre: enxame
enredar: enrolar
ensalada: salada
entrenar: treinar, preparar
entretener: entreter
escaparate: vitrina
escena: cena
escuchar: escutar
espejo: espelho
espinaca: espinafre
esposo: esposo, cônjuge; **esposas:** algemas
espuela: espora
estereotipo: estereótipo
estrecho: estreito
estreno: estreia
estruendo: estrondo
estuche: estojo
estupendo: admirável, magnífico, fantástico

f

fabada: prato típico de Astúrias: ensopado de feijão-branco com toucinho e linguiça picante
falda: saia
febrero: fevereiro
festín: banquete
fijar: fixar
fijo: fixo
filete: filé, bife; listra
flaco: fraco; magro
flotar: boiar
fomentar: estimular, incentivar
fontanero: encanador
freír: fritar
fréjol: feijão
frenar: brecar, frear
frente: testa, frente
fresa: morango
frijol: feijão
frotar: esfregar

g

gafas: óculos
galleta: bolacha, biscoito
gamba: camarão-rosa
gaseosa: refrigerante
gimnasia: ginástica
gimnasio: academia; ginásio esportivo
gorra: gorro, boné
granja: sítio; granja
grano: grão
gris: a cor cinza
gruñir: resmungar
guante: luva
guapo: bonito
guardería: creche
guiñar: piscar (olhos)
guisante: ervilha
guitarra: violão; guitarra
gusano: verme

h

habichuela: feijão
hablar: falar
hacer: fazer
hache: nome da letra **H**
hacia: para, em direção a
hambre: fome
harina: farinha
hasta: até
heladería: sorveteria
herir: ferir
hermano: irmão
hermoso: formoso, bonito
hervir: ferver
higo: figo
hijo: filho
historietas: histórias em quadrinhos
hocico: focinho
honor: honra
hoy: hoje
hueco: oco, vazio
huevo: ovo
huir: fugir

i

incauto: descuidado
indiaca: peteca
ingeniero: engenheiro
intentar: tentar
investigación: pesquisa
involucrar: envolver
iraní: iraniano
iraquí: iraquiano
izquierdo: esquerdo

j

jamón: presunto cru
jauría: matilha
jeroglífico: hieróglifo
jubilado: aposentado
judía: judia; feijão; **judía verde:** vagem
judío: judeu
jueves: quinta-feira
jugar: jogar; brincar
junio: junho

k

kilo: quilo

l

ladrar: latir
lámpara: lâmpada; luminária
langostino: lagostim
largo: longo, comprido
latir: bater (coração), pulsar
leche: leite
lechón: leitão
lechuga: alface
legumbre: legume
ligero: rápido; leve
lila: lilás
listo: pronto; esperto
liviano: leve
llamar: chamar
llegar: chegar
lleno: cheio
llorar: chorar
llover: chover
lluvia: chuva
lomo: lombo; costas
lucero: astro muito brilhante
luchar: lutar
lujo: luxo
luna: Lua
lunares: bolinhas; pintas
lunes: segunda-feira

m

madeja: meada; madeixa
madre: mãe
madriguera: toca
maestro: mestre, professor; maestro
maíz: milho
mala: má
malanga: cará
malo: mau
mano: mão
mantel: toalha de mesa
mantequilla: manteiga
manzana: maçã; quarteirão
mañana: manhã; amanhã
marroquí: marroquino
mascota: mascote, animal de estimação
maullar: miar
mejilla: bochecha
mejor: melhor
mellizo: gêmeo
mentón: queixo
menudo: pequeno, miúdo; **a menudo:** frequentemente
mezclar: misturar
miércoles: quarta-feira
minifalda: minissaia
minino: bichano (gato)
mirar: olhar, ver, mirar
mitad: metade
mojar: molhar
molino: moinho
mono: macaco
morado: roxo
moraleja: moral
morcilla: morcela
morir: morrer
muchacho: garoto, rapaz
muchedumbre: multidão
mucho: muito
mueble: móvel
muela: dente molar; **muelas:** dentes
mujer: mulher
muslo: coxa
muy: muito

n

nadie: ninguém
naranja: laranja
Navidad: Natal
niebla: névoa
ningún: nenhum

niño: criança; menino
noble: nobre
noche: noite
nombre: nome
novela: romance
noveno: nono
nuera: nora

o

o: ou
obrero: operário; trabalhador
oír: ouvir
ojo: olho
olla: caldeirão, panela alta
olor: cheiro
ordenador: computador
oreja: orelha
organillo: realejo
orilla: margem
oro: ouro
oscuro: escuro
oso: urso
oveja: ovelha

p

padre: pai
pájaro: pássaro
pana: veludo cotelê
panadero: padeiro
pantalón: calça comprida
panza: barriga, pança
papaya: mamão papaia
paquete: pacote
pareja: dupla, casal
parra: parreira
párrafo: parágrafo
pasta: massa, macarrão; pasta
patata: batata
pava: chaleira
pavo: peru
peca: sarda
pegar: colar; bater
pelar: pelar; descascar
pelear: brigar
película: filme
pelirrojo: ruivo
pelo: cabelo
peluche: pelúcia
peluquero: cabeleireiro
pendiente: pendente; brinco
peor: pior
perejil: salsinha
periódico: jornal
periodista: jornalista
pero: mas
perro: cachorro
persona: pessoa
picar: petiscar
picaresco: malandragem
pie: pé
piel: pele
pimiento: pimentão
pipa: cachimbo; tonel
pipí: xixi
pis: xixi
piso: apartamento; andar
planchar: passar (roupa); **a la plancha:** grelhado (na chapa)
plata: prata
plátano: banana
platicar: conversar
plaza: praça
pluma: pena, pluma
pollo: frango
polvo: pó
poner: pôr
poroto: feijão
postre: sobremesa
presentar: apresentar
prora: proa

q

quedar: ficar, sobrar; permanecer; marcar encontro
quejar(se): queixar(-se)
queso: queijo
quitar: tirar, sacar
quizá(s): talvez, quiçá

r

rana: rã
raro: raro; estranho, insólito
rato: momento
ratón: rato; *mouse*
raya: traço, risco, faixa
raza: raça
rebanada: fatia
reflejo: reflexo
regalar: presentear
regalo: presente
regla: régua; regra
reina: rainha
rellenar: preencher; rechear
remera: camiseta
remolacha: beterraba
renacuajo: girino
repaso: revisão
retrasado: atrasado
reventar: arrebentar
revolcar: revirar; derrubar; maltratar
revolear: revoar
riñón: rim
rizado: crespo
roca: rocha, pedra
rodilla: joelho
rojo: vermelho
rompecabezas: quebra--cabeça
romper: quebrar
ronronear: ronronar
rosarino: que nasce em Rosário, Argentina
rubio: loiro

s

saco: saco; paletó
salar: salgar
salir: sair
salsa: molho
saludar: saudar, cumprimentar
sazonar: temperar
sed: sede
segar: segar, cortar
sencillez: simplicidade
sencillo: simples
señalar: marcar, assinalar
sequía: seca
servilleta: guardanapo
siesta: sesta
siglo: século
sin: sem; **sin embargo:** no entanto
sino: senão, porém
sitio: lugar
sobre: sobre; envelope
soler: costumar
sollozar: soluçar
solo: sozinho
sólo: somente
sombrero: chapéu
sonido: som
subrayar: sublinhar
sudar: suar, transpirar
suelo: chão
sueño: sonho; sono
sufrir: sofrer
sugerencia: sugestão
sumergir: submergir

t

tabla: tabela, listagem; tábua
tapa: aperitivo; tampa
tapado: tampado; casaco
tarro: pote
taza: xícara
té: chá
techo: teto
tela: tecido
tele: apócope de *televisión*
temblar: tremer; sacudir
templado: morno; moderado
temprano: cedo
tendedero: varal
tenedor: garfo
tener: ter
ternero: bezerro; vitela
tetera: chaleira
tibio: morno
tienda: loja
tijera: tesoura
tilde: acento gráfico
tío: tio; cara (coloquial)
tiza: giz
tobillo: tornozelo
tocino: toucinho
todavía: ainda
tomar: comer
tormenta: temporal; tormento
tortazo: bofetada
tortuga: tartaruga
trabajar: trabalhar
traer: trazer
traje: traje; terno
trampa: armadilha
trozo: pedaço
turno: vez, turno

u

ubicar: situar, localizar
uve: nome da letra **V**; **uve doble:** nome da letra **W**

v

vacuna: vacina
valor: valor; coragem
vaquero: vaqueiro; *jeans*
varón: homem, varão
vaso: copo
vecino: vizinho
venir: vir
ventaja: vantagem
ventana: janela
viejo: velho
viernes: sexta-feira
vivir: viver, morar
volante: babado, enfeite usado geralmente em roupa feminina
volver: voltar

y

yegua: égua
yerno: genro

z

zanahoria: cenoura
zapatillas: tênis
zapato: sapato
zarpazo: arranhão
zeta: nome da letra **Z**
zorro: raposa
zumo: suco

Actividad de lectura 1

Nombre: Maria Eduarda

Fecha: 05/11/2020

1 ▸ PISTA 31 Escucha la historia de un gato imaginario, de **Martha Cerda**, sin leerla:

Martha Cerda es escritora y promotora cultural. Nació en Guadalajara, México, en 1945.

2 Mientras escuchabas la lectura, algunas palabras se escaparon. Es que a veces las palabras vuelan. Te toca ponerlas de vuelta en su sitio para que puedas entender el cuento. Para que el trabajo resulte más eficiente, además de pensar en los significados de las palabras voladoras, piensa también si son femeninas o masculinas y si están en singular o en plural.

bigotes | puerta | piernas | semana | jardín
mañanas | gato | mano | tapete

Inventario

Mi vecino tenía un gato imaginario. Todas las mañanas lo sacaba a la calle, abría la Puerta y le gritaba: "Anda, ve a hacer tus necesidades". El gato se paseaba imaginariamente por el jardin y al cabo de un rato regresaba a la casa, donde lo esperaba un tazón de leche. Bebía imaginariamente el líquido, se lamía los bigotes, se relamía una mano y luego otra y se echaba a dormir en el tapete de la entrada. De vez en cuando perseguía un ratón o se subía a lo alto de un árbol. Mi vecino se iba todo el día, pero cuando volvía a casa el gato ronroneaba y se le pegaba a las piernas imaginariamente. Mi vecino le acariciaba la cabeza y sonreía. El gato lo miraba con cierta ternura imaginaria y mi vecino se sentía acompañado. [Me imagino que es negro (el gato), porque algunas personas se asustan cuando imaginan que lo ven pasar.]

Una vez el gato se perdió y mi vecino estuvo una semana buscándolo; cuanto gato atropellado veía se imaginaba que era el suyo, hasta que imaginó que lo encontraba y todo volvió a ser como antes, por un tiempo, el suficiente para que mi vecino se imaginara que el gato lo había arañado. Lo castigó dejándolo sin leche. Yo me imaginaba al gato maullando de hambre. Entonces lo llamé: "Minino, minino", y me imaginé que vino corriendo a mi casa. Desde ese día mi vecino no me habla, porque se imagina que yo me robé a su gato.

Martha Cerda, *Las mamás, los pastores y los hermeneutas*, México, Castillo, 1995.

3 Relee el cuento y traduce los fragmentos. Para hacer una traducción libre, imagina cómo dirías naturalmente estas mismas cosas en portugués. Mira el ejemplo:

Todas las mañanas lo sacaba a la calle...
Todas as manhãs o mandava para a rua...

a ... y al cabo de un rato...

e depois de um tempo

b ... y se echaba a dormir...

Evoltava a dormir

c De vez en cuando perseguía un ratón...

Devez em quando perseguía um rato

d ... cuanto gato atropellado veía se imaginaba que era el suyo...

Todo gato atropelado que era seu

e Entonces lo llamé: "Minino, minino"...

Então o chamei: "Gatinho, Gatinho"

4 Busca en la sopa de letras algunas de esas cosas reales que suelen hacer los gatos — y que por supuesto las hace el gato imaginario del cuento:

E	C	H	A	C	E	R	L	A	S	N	E	C	E	S	I	D	A	D	E	S	C
Q	X	C	Ñ	D	V	E	I	M	L	V	E	N	E	Z	O	L	B	O	A	V	E
T	B	A	D	M	G	N	S	U	B	I	R	S	E	A	U	N	A	R	B	O	L
F	A	R	E	A	U	A	T	A	C	H	B	E	R	A	D	V	E	M	U	H	R
S	N	P	O	C	G	T	E	P	I	M	B	U	N	R	C	I	X	I	M	T	N
P	E	R	S	E	G	U	I	R	U	N	R	A	T	O	N	R	T	R	P	E	O
O	L	N	V	A	D	E	C	G	U	F	E	A	E	N	O	A	R	E	U	F	E
F	U	T	R	M	V	A	E	F	L	B	J	I	G	I	C	A	E	N	E	B	G
E	R	E	L	A	M	E	R	S	E	L	A	M	A	N	O	O	S	E	R	I	N
U	A	N	E	U	R	T	N	H	N	U	E	E	N	N	I	R	A	L	T	U	N
P	V	A	B	L	A	M	E	R	S	E	L	O	S	B	I	G	O	T	E	S	E
A	S	W	Z	L	L	O	N	U	N	A	I	R	N	A	M	A	D	A	R	A	N
S	I	E	P	A	M	A	T	D	U	I	B	T	E	W	A	N	A	P	R	I	E
E	Y	N	A	R	E	S	R	L	K	L	L	R	O	N	R	O	N	E	A	R	Z
A	O	T	R	I	V	A	E	F	L	B	J	I	G	E	C	A	E	T	E	B	G
R	E	B	E	B	E	R	L	E	C	H	E	U	G	L	A	I	A	E	Q	Ñ	G

5 En el grupo de palabras, identifica la intrusa, o sea, aquella que no pertenece al mismo campo de significado que las demás:

imaginario / ficticio / irreal / fantástico / auténtico / inventado

6 Lee la definición sacada del diccionario y contesta a las preguntas:

inventario *s/m [sustantivo masculino]* 1. Relación ordenada de los bienes de alguien. 2. Documento en el que se hace la relación.

Diccionario de bolsillo de la lengua española, Madrid, SGEL, 2002.

a ¿Cuál te parece ser el sentido de la palabra **inventario** en el título del cuento?

La palavra inventario tiene es sentido do documento en el que hace la relacion.

b ¿Qué relación tiene el título del cuento con la definición sacada del diccionario?

La definición tiene tudo a ver com el texto.

7 Cuando inventamos un ser que no existe en la realidad, sino en nuestro pensamiento no más, se dice que creamos un ser imaginario. Así es el gato del cuento que acabas de leer. El gato imaginario existe en la cabeza de quién lo inventó y en la nuestra, cuando leemos el cuento, porque también lo imaginamos. Pero todo que sabemos de él está escrito en el texto, por eso, utilizando las informaciones que la narradora nos presenta, cada uno de nosotros imagina el gato de una manera distinta, ¿verdad? A ver qué imagen tienes tú de este gato imaginario. Contesta:

a ¿Será gordo o delgado?

Gordo

b ¿Será grande o pequeño?

pequeño

c ¿De qué color será?

Cinzo tigrado

d ¿Tendrá el pelo largo o corto?

Corto

e Y sus ojos, ¿cómo serán?

Um verde y el otro azul

f ¿Será ágil o perezoso?

Ágil.

8 Ahora intenta dibujarlo lo más detalladamente posible:

9 ¿El vecino que tenía un gato imaginario te parece que es un ser real o imaginario? Justifica tu respuesta.

Real, pues tiene característico de el gato real.

10 Y tú, ¿puedes inventar una mascota imaginaria? ¿Cómo se llamaría? ¿Cómo sería? ¿Qué cosas haría? Escribe un pequeño texto sobre ella.

Mi mascota se llamaría Flor sería un pero muy delgado que [illegible].

Actividad de lectura 2

Nombre: ______________________

Fecha: ______________________

1 ▸ PISTA 32 Sin leer, escucha la historia, escrita por **Augusto Monterroso**, de una rana muy rara, a quien le gustaría mucho ser una rana auténtica. ¿Cómo será eso?

Augusto Monterroso (1921-2003) nació en Tegucigalpa, capital de Honduras, pero es considerado guatemalteco.

2 En la versión escrita del cuento que acabas de escuchar algunas palabras no se entienden porque sus letras no están en el lugar correcto. Lee con mucha atención el texto y reescribe correctamente las palabras que están marcadas.

La rana que quería ser una rana auténtica

Había una vez una rana que quería ser una rana auténtica, y todos los días se esforzaba en ello.

Al principio se compró un espoje en el que se miraba largamente buscando su ansiada autenticidad. Unas veces parecía encontrarla y otras no, según el humor de ese día o de la hora, hasta que se cansó de esto y guardó el espoje en un búal.

Por fin pensó que la única forma de conocer su propio valor estaba en la opinión de la gente, y comenzó a peinarse y a vestirse y a desvestirse (cuando no le quedaba otro recurso) para saber si los demás la aprobaban y reconocían que era una rana auténtica.

Un día observó que lo que más admiraban de ella era su curpeo, especialmente sus peirnas, de manera que se dedicó a hacer sentadillas y a saltar para tener unas canas cada vez mejores, y sentía que todos la aplaudían.

Y así seguía haciendo esfuerzos hasta que, dispuesta a cualquier cosa para lograr que la consideraran una rana auténtica, se dejaba arrancar las canas, y los otros se las comían, y ella todavía alcanzaba a oír con amargura cuando decían que qué buena rana, que parecía llopo.

Extraído de <www.ciudadseva.com>. Acceso el 18 de noviembre de 2011.

____

3 Encuentra en el texto los sinónimos de estas palabras:

legítima ______________ táctica ______________

deseada ______________ conseguir ______________

arca ______________ aún ______________

importancia ______________ desconsuelo ______________

4 Ahora busca en el texto los antónimos de estas palabras:

falsa, ilegítima ______ reprobaban ______

brevemente ______ peores ______

terminó ______ mala ______

5 Intenta traducir al portugués estas expresiones del texto:

a ... se miraba largamente...

______

b ... cuando no le quedaba otro recurso...

______

c ... hacer sentadillas...

______

d ... que parecía pollo.

______

6 Elige en esta lista los adjetivos que mejor caracterizan a la rana del cuento:

envidiosa / amorosa / aburrida / esforzada / estudiosa / bondadosa / vanidosa trabajadora / sensible / arrogante / educada / sentimental / lista / tonta

7 Contesta a las preguntas sobre el texto:

a ¿Cuál es el principal objetivo de la rana del cuento?

______

b ¿Tiene éxito la rana?

______

c ¿Cuál es la moraleja del cuento?

______

8 Ahora reflexiona sobre lo que has leído y contesta: ¿existirán personas que se comportan como la rana del cuento?

______

______

Actividad de lectura 3

Nombre: Maria Eduarda Oliveira

Fecha: 28/08/2020

1 ▸ PISTA 33 Seguramente conoces algunas fábulas, y, en muchas de ellas, la zorra habrá estado entre los personajes. ¿Te acuerdas de cuál es casi siempre su principal característica? ¡A ver! Sin leer el texto, escucha esta fábula de **Antonio Rodríguez Almodóvar** y después:

> El escritor sevillano **Antonio Rodríguez Almodóvar** nació en 1941 y es especialista en literatura infantil y juvenil.

a di cuál es esa característica de la zorra:

La zorra es listo, hábil.

b apunta en las líneas de abajo las palabras utilizadas para caracterizar a los otros personajes:

ILUSTRAÇÕES: SIMONE MATIAS/ ARQUIVO DA EDITORA

grandísimo grande	Viejo y abandonado	desagradecido	Canijo achacoso	enorme

2 Ahora lee la fábula y escribe en los huecos los adjetivos que has apuntado en el ejercicio anterior:

El pastor, la serpiente y la zorra

Iba un pastor con sus ovejas por el monte, cuando oyó una voz por entre unas piedras, que le decía:

— ¡Pastor, pastorcito, sácame de aquí!

— ¿Quién eres? — preguntó el pastor.

— Soy una culebra, que entré aquí cuando era pequeña y he engordado tanto, que ahora no puedo salir si alguien no quita algunas piedras que tapan la entrada.

— No me atrevo — dijo el pastor. — Porque, si eres tan grande, igual te da por comerme cuando estés fuera.

— Te prometo que no lo haré. Por favor, sácame de aquí.

El pastor se dejó convencer y removió unas cuantas piedras. Enseguida salió una culebra ________, que le dijo:

— Pues ahora te voy a comer.

— ¡Cómo! me habías prometido...

— Nada, nada, voy a comerte, porque tengo un hambre que me muero.

— Eso no vale — dijo el pastor. — Te propongo que consultemos a los tres primeros animales que pasen por aquí. A ver si es justo o no es justo lo que piensas hacerme. Y si ellos deciden que me comas, ni siquiera me defenderé.

— Está bien. Como estoy segura de que voy a ganar, no me importa — contestó la culebra.

El primer animal que pasó fue un burro ________ y ________. Le llamaron y le contaron el caso. El burro sentenció:

— Tiene razón la culebra.

— ¿Por qué? — preguntó el pastor.

— Porque el hombre es un ________ y porque el hambre es la primera ley de todas. Yo me he pasado la vida dándole buenos servicios a mi amo, y ahora, que no puedo con la carga, me echa al monte a que me coman los lobos.

Pasó poco después un galgo ________ y ________. Lo llamaron y le expusieron el caso. Y el galgo sentenció:

— Tiene razón la culebra.

— ¿Y por qué? — preguntó el pastor.

— Yo he sido un galgo que les he llevado muchísima caza a mis amos. Y ahora, que no puedo ni con mi alma, me dejan a mi suerte, a que me muera de hambre.

— Bueno, pues ya he ganado — dijo la culebra. — Como sólo falta una opinión, aunque sea contraria, gano.

En esto que apareció por allí una zorra. Y dijo el hombre:

— No importa. Consultémosle a la zorra, aunque sólo sea por amor propio.

Llamó a la zorra y le expuso el caso. La zorra se quedó muy pensativa y al cabo de un rato dijo:

— Es un caso verdaderamente difícil. Y no podré decidir si no me hago cargo de la situación desde el principio. A ver, vamos a reconstruir los hechos. ¿Dónde está la cueva y dónde están las piedras?

La condujeron adonde el pastor se había encontrado con la culebra, y dijo:

— A ver, culebra, métete otra vez en la cueva, que yo vea cómo estaba exactamente.

Se metió la culebra en la cueva y la taparon otra vez con piedras. Entonces le dijo la zorra al pastor:

— Ahora déjala que se muera de hambre, que de desagradecidos está el mundo lleno.

— ¡Caramba, zorrita, de buena me has tirado! — dijo el pastor muy contento. — ¿Cómo quieres que te recompense?

— ¿No tendrás algún corderillo por ahí?

— No un corderillo, sino un carnero te voy a dar. Espérate aquí, que vuelvo enseguida.

Fue el pastor al redil y cogió un saco, pero, en vez de meter un carnero, como había prometido, metió un perrazo que tenía. Luego volvió adonde estaba la zorra y le dijo:

— Ahí lo tienes.

La zorra se echó el saco a cuestas y se marchó. Ya bien metida en el monte, y cuando estaba cerca de su cueva, que quedaba en lo más alto, dijo:

— Voy a abrir el saco, a ver qué es lo que hay.

Lo abrió con mucho cuidado y enseguida vio que era un perro ________, por lo que le dio tiempo de echar a correr. Y mientras corría iba diciendo:

"Arriba zancas
que en este puñetero mundo
no hay más que trampas".

Antonio Rodríguez Almodóvar, *España cuenta*, Madrid, Edelsa, 1990.

3 Relaciona a sus sinónimos estas palabras utilizadas en el texto:

a	puñetero	g	caverna, gruta
b	trampas	e	flaco, enclenque
c	zancas	f	enfermizo, débil
d	redil	d	corral
e	canijo	c	patas, piernas
f	achacoso	a	fastidioso
g	cueva	b	engaños, intrigas

4 Busca en el texto los antónimos de estas palabras:

agradecido desagradecido dentro fuera malos buenos

final principio adelgazado engordado fuerte flaco

bajo alto pequeñísima grandísima sano débil

nuevo viejo ajeno propio cerró abrió

5 Traduce libremente estos fragmentos sacados del cuento:

a Porque, si eres tan grande, igual te da por comerme cuando estés fuera.

Porque, grande como é, de repente você decide me comer quando estiver fora.

b A ver si es justo o no es justo lo que piensas hacerme.

Vamos ver se é justo ou não o que você está querendo fazer comigo

c Y ahora, que no puedo ni con mi alma...

E agora, que não tenho forças para nada...

d ... y al cabo de un rato dijo:

... E depois de um tempo disse.

e Y no podré decidir si no me hago cargo de la situación...

E não poderei decidir se não estiver a par da situação

f ¡Caramba, zorrita, de buena me has tirado!

Caramba, raposinha, você me livrou de uma boa!

6 Observa las ilustraciones y enuméralas de acuerdo al texto:

ILUSTRAÇÕES: SIMONE MATIAS/ARQUIVO DA EDITORA

7 En la fábula, ¿en qué se parecen la culebra y el pastor?

Ellos dos son desagradecidos con quienes les ayudo.

Actividad de lectura 4

Nombre: ______________________

Fecha: ______________________

1 ▸ PISTA 34 Los cuentos y leyendas muchas veces proponen una explicación de las cosas de la naturaleza. Bien sabemos que dichas explicaciones son ficticias y sirven para entretener a la gente y jugar con su imaginación. En el cuento que vas a escuchar ahora, **Horacio Quiroga** explica por qué los flamencos llevan medias. ¡Qué idea más rara! Pon atención a los nombres de los animales, personajes de esta narración.

El escritor uruguayo **Horacio Quiroga** nació en 1878 y murió en 1937.

2 No se sabe qué pasó, pero les falta una sílaba a los nombres de los animales. Lee el cuento y trata de completar las palabras:

Las medias de los flamencos

Cierta vez las víbo_____ dieron un gran baile. Invitaron a las ra_____ y a los sa_____, a los flamen_____, y a los yaca_____ y a los pe_____. Los pe_____, como no caminan, no pudieron bailar; pero siendo el baile a la orilla del río, los pe_____ estaban asomados a la arena, y aplaudían con la cola.

Los yaca_____, para adornarse bien, se habían puesto en el pescuezo un collar de plátanos, y fumaban cigarros paraguayos. Los sa_____ se habían pegado escamas de pe_____ en todo el cuerpo, y caminaban meneándose, como si nadaran. Y cada vez que pasaban muy serios por la orilla del río, los pe_____ les gritaban haciéndoles burla.

Las ra_____ se habían perfumado todo el cuerpo, y caminaban en dos pies. Además, cada una llevaba colgada, como un farolito, una luciérna_____ que se balanceaba.

Pero las que estaban hermosísimas eran las víbo_____. Todas, sin excepción, estaban vestidas con traje de bailarina, del mismo color de cada víbo_____. Las víbo_____ coloradas llevaban una pollerita de tul colorado; las verdes, una de tul verde; las amarillas, otra de tul amarillo; y las yara_____, una pollerita de tul gris pintada con rayas de polvo de ladrillo y ceniza, porque así es el color de las yara_____.

Y las más espléndidas de todas eran las víbo_____ de coral que estaban vestidas con larguísimas gasas rojas, blancas y negras, y bailaban como serpentinas. Cuando las ví_____ras danzaban y daban vueltas apoyadas en la punta de la cola, todos los invitados aplaudían como locos.

Sólo los ______mencos, que entonces tenían las patas blancas, y tienen ahora como antes la nariz muy gruesa y torcida, sólo los flamen______ estaban tristes, porque como tienen muy poca inteligencia no habían sabido cómo adornarse. Envidiaban el traje de todos y sobre todo el de las ví______ras de coral. Cada vez que una ______bora pasaba por delante de ellos, coqueteando y haciendo ondular las gasas de serpentinas, los flamen______ se morían de envidia.

Un ______menco dijo entonces:

— Yo sé lo que vamos a hacer. Vamos a ponernos medias coloradas, blancas y negras, y las víbo______ de coral se van a enamorar de nosotros.

Y levantando todos juntos el vuelo, cruzaron el río y fueron a golpear en un almacén del pueblo.

— ¡Tan-tan! — pegaron con las patas.

— ¿Quién es? — respondió el almacenero.

— Somos los ______mencos. ¿Tiene medias coloradas, blancas y negras?

— No, no hay — contestó el almacenero. — ¿Están locos? En ninguna parte van a encontrar medias así.

Los ______mencos fueron entonces a otro almacén.

— ¡Tan-tan! ¿Tiene medias coloradas, blancas y negras?

El almacenero contestó:

— ¿Cómo dice? ¿Coloradas, blancas y negras? No hay medias así en ninguna parte. Ustedes están locos. ¿Quiénes son?

— Somos los fla______cos — respondieron ellos.

Y el hombre dijo:

— Entonces son con seguridad flamen______ locos.

Fueron a otro almacén.

— ¡Tan-tan! ¿Tiene medias coloradas, blancas y negras?

El almacenero gritó:

SIMONE MATIAS/ARQUIVO DA EDITORA

— ¿De qué color? ¿Coloradas, blancas y negras? Solamente a pája____ narigudos como ustedes se les ocurre pedir medias así. ¡Váyanse en seguida!

Y el hombre los echó con la escoba.

Los ____mencos recorrieron así todos los almacenes, y de todas partes los echaban por locos.

Entonces un ____tú, que había ido a tomar agua al río, se quiso burlar de los ____mencos y les dijo, haciéndoles un gran saludo:

SIMONE MATIAS/ARQUIVO DA EDITORA

— ¡Buenas noches, señores flamen____! Yo sé lo que ustedes buscan. No van a encontrar medias así en ningún almacén. Tal vez haya en Buenos Aires, pero tendrán que pedirlas por encomienda postal. Mi cuñada, la le____za, tiene medias así. Pídanselas, y ella les va a dar las medias coloradas, blancas y negras.

Los ____mencos le dieron las gracias, y se fueron volando a la cueva de la lechu____. Y le dijeron:

— ¡Buenas noches, ____chuza! Venimos a pedirte las medias coloradas, blancas y negras. Hoy es el gran baile de las ví____ras, y, si nos ponemos esas medias, las víbo____ de coral se van a enamorar de nosotros.

— ¡Con mucho gusto! — respondió la ____chuza. — Esperen un segundo, y vuelvo en seguida.

Y echando a volar, dejó solos a los flamen____; y al rato volvió con las medias. Pero no eran medias, sino cueros de víbo____ de coral, lindísimos cueros, recién sacados a las ____boras que la le____za había cazado.

— Aquí están las medias — les dijo la ____chuza. — No se preocupen de nada, sino de una sola cosa: bailen toda la noche, bailen sin parar un momento, bailen de costado, de cabeza, como ustedes quieran; pero no paren un momento, porque en vez de bailar van entonces a llorar.

Pero los ____mencos, como son tan tontos, no comprendían bien qué gran peligro había para ellos en eso, y locos de alegría se pusieron los cueros de las ví____ras como medias, metiendo las patas dentro de los cueros, que eran como tubos. Y muy contentos se fueron volando al baile.

Cuando vieron a los flamen____ con sus hermosísimas medias, todos les tuvieron envidia. Las ____boras querían bailar con ellos únicamente, y como los flamencos no dejaban un instante de mover las patas, las víbo____ no podían ver bien de qué estaban hechas aquellas preciosas medias.

Pero poco a poco, sin embargo, las ____boras comenzaron a desconfiar. Cuando los fla____cos pasaban bailando al lado de ellas, se agachaban hasta el suelo para ver bien.

Las ví____ras de coral, sobre todo, estaban muy inquietas. No apartaban la vista de las medias y se agachaban también tratando de tocar con la lengua las patas de los ____mencos, porque la lengua de la víbo____ es como la mano de las personas. Pero los flamen____ bailaban y bailaban sin cesar, aunque estaban cansadísimos y ya no podían más.

Las víbo____ de coral, que conocieron esto, pidieron en seguida a las ____nas sus farolitos, que eran bichitos de luz, y esperaron todas juntas a que los flamen____ se cayeran de cansados.

Efectivamente, un minuto después, un ____menco, que ya no podía más, tropezó con un ____caré, se tambaleó y cayó de costado. En seguida las ____boras de coral corrieron con sus farolitos y alumbraron bien las patas del flamen____. Y vieron qué eran aquellas medias, y lanzaron un silbido que se oyó desde la otra orilla del Paraná.

— ¡No son medias! — gritaron las ví____ras. — ¡Sabemos lo que es! ¡Nos han engañado! ¡Los ____mencos han matado a nuestras hermanas y se han puesto sus cueros como medias! ¡Las medias que tienen son de víbo____ de coral!

Al oír esto, los ____mencos, llenos de miedo porque estaban descubiertos, quisieron volar; pero estaban tan cansados que no pudieron levantar una sola pata. Entonces las ví____ras de coral se lanzaron sobre ellos, y enroscándose en sus patas les deshicieron a mordiscones las medias. Les arrancaron las medias a pedazos, enfurecidas, y les mordían también las patas, para que murieran.

Los fla____cos, locos de dolor, saltaban de un lado para otro sin que las ____boras de coral se desenroscaran de sus patas. Hasta que al fin, viendo que ya no quedaba un solo pedazo de medias, las víbo____ los dejaron libres, cansadas y arreglándose las gasas de sus trajes de baile.

Además, las ____boras de coral estaban seguras de que los flamen____ iban a morir, porque la mitad, por lo menos, de las ví____ras de coral que los habían mordido eran venenosas.

Pero los ____mencos no murieron. Corrieron a echarse al agua, sintiendo un grandísimo dolor, y sus patas, que eran blancas, estaban entonces coloradas por el veneno de las víbo____. Pasaron días y días y siempre sentían terrible ardor en las patas, y las tenían siempre de color de sangre, porque estaban envenenadas.

Hace de esto muchísimo tiempo. Y ahora todavía están los fla____cos casi todo el día con sus patas coloradas metidas en el agua, tratando de calmar el ardor que sienten en ellas.

A veces se apartan de la orilla, y dan unos pasos por tierra, para ver cómo se hallan. Pero los dolores del veneno vuelven en seguida, y corren a meterse en el agua. A veces el ardor que sienten es tan grande, que encogen una pata y quedan así horas enteras, porque no pueden estirarla.

Esta es la historia de los flamen____, que antes tenían las patas blancas y ahora las tienen coloradas. Todos los ____ces saben por qué es, y se burlan de ellos. Pero los ____mencos, mientras se curan en el agua, no pierden ocasión de vengarse, comiéndose a cuanto pececi____ se acerca demasiado a burlarse de ellos.

Horacio Quiroga, *La tortuga gigante y otros cuentos de la selva*, Buenos Aires, Colihue, 1996.

3 Relee los seis primeros párrafos del texto y pon atención a la descripción de los animales invitados a la fiesta. Después, observa esta imagen del baile y encuentra siete errores:

SIMONE MATIAS/ARQUIVO DA EDITORA

4 Relaciona las palabras a sus sinónimos:

a	baile	☐	arreglarse, embellecerse
b	orilla	☐	tienda, comercio
c	cola	☐	broma
d	pescuezo	☐	cuello
e	burla	☐	borde, margen
f	adornarse	☐	rabo
g	almacén	☐	danza, bailoteo

5 Busca en el texto los antónimos de estas palabras:

fina ______________ tristeza ______________ felices ______________

tranquilas ______________ mucha ______________ descansados ______________

6 Contesta a las preguntas:

a ¿Dónde tuvo lugar el baile de las víboras?

____

b ¿Por qué los peces no pudieron bailar?

____

c ¿De qué estaban hechas las preciosas medias de los flamencos?

____

d ¿Cuándo sucedió la historia?

____

7 Además de explicar por qué los flamencos llevan medias, la pelea que hubo entre ellos y las culebras sirve también para que sepamos el porqué de otras características suyas. ¿Cuáles son ellas?

____

____